不打不骂，
陪孩子走过小学6年

方 舟◎主编

朝華出版社

图书在版编目(CIP)数据

不打不骂，陪孩子走过小学6年 / 方舟主编.
—北京：朝华出版社，2015.1
ISBN 978-7-5054-3734-0

Ⅰ.①不… Ⅱ.①方… Ⅲ.①小学生-家庭教育
Ⅳ.①G78

中国版本图书馆CIP数据核字(2014)第303736号

不打不骂，陪孩子走过小学6年

作　　者　方　舟

选题策划　杨　彬　王　磊
责任编辑　张世昌
责任校对　田玉晶
责任印制　张文东
封面设计　千一凡文化

出版发行　朝华出版社
社　　址　北京市西城区百万庄大街24号　**邮政编码**　100037
订购电话　(010)68413840　68996050
传　　真　(010)88415258（发行部）
联系版权　j-yn@163.com
网　　址　www.blossompress.com.cn
印　　刷　三河市三佳印刷装订有限公司
经　　销　全国新华书店
开　　本　787mm×1092mm　1/16　**字　　数**　200千字
印　　张　16
版　　次　2015年4月第1版　2015年4月第1次印刷
装　　别　平
书　　号　ISBN 978-7-5054-3734-0
定　　价　29.80元

序言
Preface

小学阶段，如何才能培养出优秀的孩子？

每当我问身边的家长这个问题时，大多数家长会说：“为孩子选择好学校，选择好老师，给他创造一个好的学习环境，就能保证孩子将来比较优秀。”

从此类回答中，我能够听出这样的意思：教育孩子是学校的事情，家长只要把孩子送进好的学校就万事大吉了，其他的工作都应该由学校来做。然而，这种想法真的正确吗？非也。这种想法不仅不正确，而且对孩子的学习成长来说还是非常危险的。

教育，分为两部分，教和育。学校的工作是教，家庭的工作则是育。哪一方的工作做得不到位，孩子都很难优秀。其中，又以家庭的工作做得是否到位为关键。

为什么这么说呢？现实生活中，家长们可能也会听到孩子们这样的抱怨：

“我不喜欢上××老师的课，讲得一点儿都不好！”

“老师一点儿都不关心我，在班上我就像个透明人，我不喜欢去上学！”

……

没错，不是每个孩子都能碰到合适的老师，也并不是每个孩子在学校里都能学得开心。如果孩子没有碰到一位好老师，那孩子的学习情况会怎样？我想，这个问题的答案家长应该比我更清楚。

那么，假使我们的孩子未能碰到合适的老师，难道我们就眼睁睁地看着他走向平庸吗？家长朋友们一定会异口同声地回答：不能！

是的，没有一位家长愿意看着自己的孩子走向平庸，也没有一位家长愿意看着自己的孩子因为不适应老师的教学方式而沦为差生。

那么，家长又该怎么做呢？

答案只有一个：做好“育”的工作！

说到这里，我想起了一位同行的话：“作为老师我们只有一双眼睛，但是全班却有几十个孩子，我们不可能每时每刻都盯着每一个孩子，去看他出现了什么异样。而家长则不同，家长一双眼睛只需要盯一个孩子，孩子有任何一点儿变化，都逃不过家长的眼睛，家长有什么理由发现不了问题呢？”

多年教学过程中，我对此可谓深有体会：

小金学习拖沓懒散，家长发现后，与老师及时进行了沟通交流，制定相应策略，共同努力，帮助小金纠正了学习上的不良习惯，最终帮助小金跨进了优秀生的行列；

小雅小小年纪攀比心理极重，家长察觉之后，与老师沟通商量对策，及时转变了孩子这种不良的心理状况……

当然，值得庆幸的是，这些都是家校联合成功的案例。然而，在现实生活中，也有为数不少的家长，对孩子身上出现的问题，并没有及时察觉或没有引起足够的重视，结果这些问题越来越严重，孩子也渐渐偏离了优秀的轨道：

马健是个聪明的男孩，就是学习马马虎虎、粗心大意，一直没有改过来，结果在中考中名落孙山；

李娟好奇心很强，然而有一个缺点，做事总是只有三分钟热度，没有一件事可以坚持到最后，常常半途而废，结果渐渐走向了平庸。

一正一反的家庭教育案例，带给我们的思考是深刻的：如何才能避免孩子陷入一事无成的旋涡？如何才能让孩子积累更多优秀的资本？

作为一名有着多年教学经验的老师，我想要告诉每一位望子成龙、望女成凤的家长：想要孩子成才，想要孩子优秀，从孩子小学阶段开始，就要拿出足够的耐心、足够的精力做好家长必须做的一些工作。

明白了这一点，我们接下来就要面临一个“怎么做”的问题。和身边一些教学经验丰富的老师反复探讨后，我们总结出了这样几个关键点，希望能够给那些对家庭教育工作依旧感到迷茫的家长以启示：

◆了解学校，了解老师，了解孩子所处的阶段——全面了解，方能对症下药。

◆好老师难遇，好家长却并不难做——不管遇没遇到好老师，都必须先做个好家长。

◆促进孩子的学业，帮孩子一把——不懂数学、语文没关系，引导孩子有妙方。

◆和孩子的老师高效沟通的六种方法——如何把话说到点子上，如何才能引发老师对孩子的关注……都是有技巧可言的。

◆在家里，与孩子的相处和沟通非常重要——如何让孩子愿意听你说，真正听你的话……都是有窍门的。

◆ 家庭生活中，孩子的个性教育最为重要——自信、乐观、上进……老师照顾不到的地方，家长必须想到、做到、引导到。

当家长在家庭教育的过程中明确了这些方向，相信家长迷惘的感觉就会大大减少，在教育孩子时，也就能够更加有针对性，取得更好的教育效果。

说到底，我们每个人都必须承认这样一个事实：教育是一项长期而艰巨的任务，单靠学校一方，或者单靠家长一方，都不能将这个任务圆满地完成。只有双方合作，互通消息，及时把握孩子的动态，才能对孩子在每一阶段的状况进行精准的把脉，保证孩子在学习过程中朝着正确的方向迈进。

希望我们这些一线教师的工作实践，或者说建议，能够给身为小学生家长的您带去最为实用、有效的帮助！

目录
Contents

第一章 了解学校，了解老师，了解孩子所处的学习阶段

第四章 和孩子的老师高效沟通的六种方法

第五章 在家里，应这样与孩子相处与沟通

第六章 家庭中，孩子的个性教育最为重要

第一章

了解学校，了解老师，了解孩子所处的学习阶段

引语

从事教育工作这么多年，我曾很多次目睹新生入学时的场景。看着每位送孩子来学校的家长脸上挂着隐约可察的不放心以及期待，我明白，每一位家长对孩子今后的学习都捏着一把汗，悬着一颗心：他们担心自己的孩子不能适应小学阶段的生活，担心孩子在学习的起步阶段不能打好基础。

是的，迈进了小学的校门，就意味着我们的孩子要开始崭新的学习生活了。他们告别了幼儿园时期的轻松自在，告别了在家里的无拘无束，他们需要做好准备，去面对新的环境、新的氛围、新的学校与老师。

然而，孩子毕竟还小，有很多事情，他们想不到，也考虑不周全。作为家长，我们有责任帮助孩子去做好这些准备工作，进而保证我们的孩子在今后的学习过程中没有后顾之忧，顺利轻松地踏上求知之旅。

那么，准备工作都包括哪些呢?

◆ 了解学校；

◆ 了解老师；

◆ 了解自己；

◆ 了解孩子；

◆ 了解孩子所处的阶段；

◆ 了解自己与孩子的关系；

……

1 了解学校

孩子到了入学的年龄，每位家长都知道要把孩子送进学校，但是，究竟应该把孩子送进什么样的学校，相信很多家长并没有太清晰的认识。

对此，我给家长的建议是——了解学校。

为什么这么说呢？

我们可以想一想，一天24小时，除了吃饭、睡觉和假日，孩子大部分时间都是在学校里度过的，接触最多的就是老师和同学，他所处的环境是怎样的，所接触到的人是怎样的，他在这种环境中的状态又是怎样的，对他的一生都会有不可忽视的影响。

在多年的教学生涯中，我曾接触过很多家长，和他们谈到对学校的了解时，他们大多只清楚一件事情：孩子读的是否是重点校。

家长对学校的了解仅局限于这一点，也在我的意料之中。的确，相比于普通学校，重点学校拥有诸多的优势，师资力量强、教学水平高、学习氛围浓厚、学校基础设施完善……但我却不得不提醒家长们一句：家长对学校仅有这些了解是远远不够的。

想让孩子拥有美好的未来，在小学阶段为其选择合适的学校是你不能疏忽的关键。

我就认识这样一个孩子：

女孩娟娟特别有舞蹈天分，在幼儿园的时候就是班上最活跃的小舞蹈家。在即将上小学时，有两所学校可供她选择，一所是重点校，一所则是以舞蹈学习为特长的普通校。在选择学校时，家长一心想让孩子进重点校，对孩子本身的喜好并没有做更多的考虑。

结果，家长费尽心思将孩子送进了重点校，可孩子在重点校里过得却并不开心，每天回家都是一副郁郁寡欢的样子。家里也不像以前那样充满欢声笑语了。不仅如此，因为孩子的情绪状态一直不佳，成绩也并没有像家长期待的那样出类拔萃。

看到这个例子，家长们是不是会想到些什么呢？对学校的了解，不应该仅仅局限在重点校、非重点校这一个环节上，更应该从孩子自身的实际情况出发，帮助孩子选择适合他的学习环境。

对此，我的观点是：适合自己的才是最好的。只有选择适合孩子的学校，孩子才可能在学校生活中如鱼得水，过得开心快乐，进而逐渐成才。

日本知名儿童作家黑柳彻子在其著作《窗边的小豆豆》里曾提到这样一所可以说是改变了小豆豆人生轨迹的学校——巴学园。巴学园的教室就是废弃的电车，每天上课，孩子们都可以从自己喜欢的课程开始学起……在这样的教学理念之下，巴学园 50 多个孩子，每一个孩子都健健康康、快快乐乐地成长了起来，最终大多数人都取得了不俗的成绩。

说到这里，学校对孩子的影响究竟有多大，家长们是不是已经很清楚了呢？

那么，在为孩子选择学校的时候，我们就多下一些功夫吧！好好去了解一下你为孩子所选择的学校，是不是适合孩子今后的成长与发展，是否能让孩子很快地适应它、喜欢它。

说了这么多，我们究竟需要了解学校的哪些方面呢？

◈ 方法一：明确学校的长项是什么

若是让你去评价一个人，你肯定会从这样两个方面入手：他的长处是什么、擅长什么，短处是什么、不擅长什么。

既看到别人的长处又看到别人的短处，是保证我们客观公正地评价他人的前提。其实，在家长了解学校的时候，也大可以采取这样一个评价标准，先看一看学校的长项是什么，根据你对学校的综合评价再来决定你的孩子适不适合进该校读书。

具体来说，什么是学校的长项呢？

有的学校可能以严谨的教学态度著称；

有的学校可能以民主的教学氛围闻名；

有的学校可能侧重特长培养；

有的学校可能侧重能力养成；

有的学校重视素质教育；

有的学校则偏重试卷上的成绩；

……

把学校的长项摸清楚之后，我们就可以根据孩子自身的特点为孩子选择一所适合他的学校了。

我所熟悉的一位家长就是这样做的：

和很多孩子比起来，我家的孩子总是显得好动调皮一些。孩子上幼儿园的时候，我就被老师请到幼儿园很多次，为此我也是大伤脑筋。眼看着孩子就要上小学了，如果把孩子送进教学风格严厉的学校，那么孩子肯定会被当作问题学生来看待，但若是把孩子送进一般的学校，我又害怕会影响孩子的学习。

怀着这种忐忑不安的心情，我考察了很多所学校，在了解了这些学校的教学风格、教学环境之后，我决定把孩子送进一所教学理念比较民主，教学质量也一直不错的学校。

事实证明，我的这个选择是非常正确的。孩子进了这所学校之后，虽然还是调皮好动，但老师们却从来没有对此大做文章，而是把孩子所有的行为都看成这个阶段孩子的正常表现，对孩子采取了宽容的态度。孩子在老师的宽容之下也就学得比较开心，对学习也一直保持着热情。

看看，这就是对学校的长项有所了解之后，收到的神奇效果。家长在为孩子选择学校之前，对学校的长项有所了解，才能避免孩子在进入不适合他的学校后出现厌学、畏学的情绪。

◇方法二：考察学校的教学质量

每到新一届小学生入学之时，往往是学校的招生计划还没有公布，就有很多家长开始“活动”了，他们生怕自己落后一步，不能抢占到重点校的名额。

在我任教于一所重点小学时，经常会有家长找到我，再三拜托我给他的孩子留一个入学名额。面对这些家长的请求，我常常是既为难又高兴。为难的是，托关系、开后门一向不是我所乐见、乐为的，高兴的是这些家长愿意把孩子送到我们学校来是对我们学校教学水平的肯定和认可。

所以，家长在帮助孩子了解学校的时候，很关键的一点就是要了解学校的教学质量。

在我身边就有一位妈妈对此感触颇深：

儿子亮亮就要上小学了，周边的几所小学教学设施都很不错，学习氛围也都很好。让儿子上哪一所小学呢？我和先生有些迟疑不决。

为了能让儿子赢在起点，我和先生利用休息时间对我们所选取的学校进行了一番考察，着重研究了这些学校的教学质量。我和先生经过用心分析发现，虽然这些学校教学设施与学习氛围差别不是很大，但是在教学质量上却有着极大的差别。确定了哪一所学校的教学质量更好之后，我们的心里也渐渐有了底儿了，非常坚定地帮儿子报了一所教学质量好的学校。

通过在这所学校的学习，儿子的自主学习意识越来越强，很多学习方面的问题都不用我们为他操心。孩子的老师还曾经说：“以亮亮现在的水平，他上重点中学是绝对没有问题的。”

每一位家长都希望自己的孩子赢在起跑线上，但是作为老师，我还想告诉家长们的是，如果你在孩子即将迈上学习道路之初，没有为孩子选择一所适合他的学校的话，孩子今后的学习很可能会受到影响。

◇方法三：看看该校的师资力量如何

在和身边一些家长谈到孩子的教育时，我经常会问一个问题：“你如何衡量一所学校的教学水平？”

大多数家长会回答：“看学校的办学规模、看学校的硬件设施、看学校的学习气氛……”不能否认，家长们所说到的这些条件确实能成为我们衡量一所学校教学水平的标准，但却不能成为最有力的衡量标准。

作为老师，我平时接触最多的就是学校，在多年的教学过程中，我总结出这样一点：想要衡量一所学校的教学水平是高是低，看一看它的师资力量是一个不错的方式。

现实生活中家长们可能也会有这样的经验：从外表看，有些学校看起来办学实力非常强，各种硬件设施也是同类学校中一流的，但让我们感到意外的是，很多时候，这些学校的教学质量却未必很高。

原因出在哪里呢？这是因为有些学校没有过硬的师资力量。

和家长们说起这个问题时，我常常会跟他们打这样一个比方：如果把学校比喻成一个人的话，硬件设施就好比是这个人穿在身上的衣服，即使衣服再华丽，如果肚里空空，这个人也只是一个绣花枕头；师资力量就是一个学校的内涵，只要内涵丰富，就算这个人没有漂亮的衣服修饰，照样也能取得不俗的成绩。

所以，家长在为孩子选择学校的时候，对学校师资力量的考察是非常重要的。

那么我们在了解一所学校的师资时，应该着重去了解哪些方面呢？

我认为从以下几点来考察就很好：

◆了解一下学校的校史，教学理念如何，教师的教学水平如何；

◆问一问学校的优秀教师有多少，学历如何，教学经验是否丰富；

◆了解一下学校教师的素质如何，对待学生的态度如何；

◆了解一下教师的教学态度如何，是严谨的还是粗心大意的；

……

当家长能够用些心思从这几方面对学校的师资力量进行了解，也就能做到对学校教学水平有一个全面公正的衡量，保证孩子进入一个能够促进他成才的好学校。

◇方法四：观察一下学校的周边环境是怎样的

家长们可能经常会听到这样一句话：“蓬生麻中不扶自直，白沙在涅与之俱黑。”意思是指环境对一个人起着至关重要的作用。在家长帮助孩子了解学校的过程中，也要注意这点，如果我们不考虑学校的周边环境，光是看一个学校的硬件设施如何，就把孩子盲目地送进某所学校，孩子在一个并不适合的学习环境中，就可能会受环境的影响，不仅学习效果不佳，更有可能偏离正确的学习轨道。

在多年教学工作过程中，我就听到过很多家长这样抱怨：

“我家孩子聪明是聪明，就是没用在正道上，天天逃课到学校附近的游戏厅去打游戏，为这事儿，孩子的老师跟我说了不下三次了！”

“我本以为把孩子送进重点学校就万事大吉了，可是没想到这孩子真是顽劣不堪，整天跟校外的一些孩子混在一起，出入网吧，小小年纪整日沉迷于网络游戏，视力急剧下降不说，成绩更是一塌糊涂！”

事实正是这样，因为孩子还小，对外界事物总是会充满好奇，所以缺乏分辨事物是非的能力，不知道哪些事情是好的，是应该学的，哪些事物是不好的，是不应该学的。在外界环境的影响下，他们可能就会不自觉地去探究和学习身边那些新鲜的事物。

作为家长，如何才能避免这种情况的发生呢？

“孟母三迁”的故事虽已流传已久，但它带给我们的思考却依然是深刻的。孩子接触到的是什么就可能会学到什么。如果孩子每天进出学校看到的都是随便可进的网吧、喧嚣吵闹的小商小贩，孩子想要不受到影响是不大可能的。

所以，家长在对学校进行了解的时候，很有必要对其周围的环境进行充分的考量。

作为一个执教多年的老师，在此我提出这样几点建议以供家长参考：

◆看一看学校周围是不是小商小贩云集、网吧林立；

◆瞧一瞧学校周围是人文建筑居多，还是娱乐场所居多；

◆看一看学校周围是不是有书店等知识氛围比较浓厚的场所；

……

2 了解老师

一次，在办公室和同事聊起学生的学习情况时，有一位同事曾感慨：

有些家长总说自己对孩子的学习很上心，但实际上呢？如果我们老师不主动去找家长谈一谈孩子的学习情况，很少有家长会主动来找老师了解一下孩子在学校到底表现如何。

然而，孩子身上一旦出现了这样那样的问题，家长就会把责任全部推到老师身上，说老师对孩子不负责任，其实他们一点儿也不了解做老师的不容易……

听了这位同事的话，我也是感慨良多。的确，和身边一些家长接触时，我也切实感觉到了家长在这一点上做得不足：很少主动与老师沟通。

作为老师，我想要告诉家长的是：如果在教育过程中，忽视了主动与老师沟通这一环节，就很可能使孩子的学习陷于被动。

为什么这么说？我们可以想一想，如果平时我们从来不主动找老师沟通，从不尝试对老师进行一下了解，那么，我们就会对老师、对孩子的学习状况没有一个清楚的认识，也就不能很好地为孩子的学习把脉。

所以，在这里我要提醒家长的是：作为家长，要想对孩子的学习负起责任，与老师的沟通就必不可少，不管有事没事，家长都要主动和老师沟通。

为什么这么说呢？有三个方面的原因。

第一，如果家长对老师没有一定的了解，往往就会因为某些片面的言论或事情对老师的教学产生一些偏见，这些偏见进而会影响到孩子，不利于孩子的学习生活。

就拿我认识的一个孩子来说：

男孩小强上课总是喜欢调皮捣蛋，经常影响课堂秩序，为此老师私下里说过他很多次，但小强就是不改。为此，老师让小强叫家长来学校谈。然而，小强回家之后却颠倒黑白跟家长说老师看他不顺眼、经常批评他。对老师没有任何了解的家长听了孩子的话，再看看孩子委屈的样子，也就相信了孩子。随后在跟老师交谈的过程中，因为心里对老师有了偏见，对老师所说的话也就左耳进右耳出，敷衍了事，根本没有好好听。结果也就可想而知，孩子调皮捣蛋的毛病依旧不改，老师见劝说无效，就对其采取了放任的态度，孩子的成绩越来越差。

看到这种结果，家长会想些什么呢？是不是后悔自己没能及时帮孩子一把？是不是后悔自己没听老师的话？然而，我却不得不遗憾地告诉你：当孩子发展到无可救药的地步时，家长想后悔都来不及了。

所以，在和家长接触的过程中，我才会一再告诫家长：**千万不要对老师存有偏见，要公正地对待老师的意见和建议。**

第二，与老师沟通能够及时发现孩子身上的问题，防患于未然，及时解决问题。

在我身边就经常有这样的例子：

有的家长发现孩子整天都是一副没睡醒的样子，干什么都没精神，跟老师一沟通才发现孩子沉迷于电子游戏，无心学习；

有的家长发现孩子经常撒谎要钱，跟老师一沟通，才了解到孩子养成了虚荣攀比的毛病。

……

这些家长在和老师沟通之后，采取相应的措施，大多都能把孩子的问题遏制在萌芽状态。

为什么在和老师沟通之后，就会有这样神奇的效果呢？正如我们在前面说到的，一天24小时，孩子大部分时间都是在学校中度过的，与老师接触得最多，老师对发生在孩子身上的点滴也都非常了解，能够掌握孩子最新的状况。家长根据孩子的这些状况与老师合作，采取相应的措施，孩子身上的问题解决起来相对来说也就容易得多。

第三，与老师勤沟通，是家长让自己的孩子在众多学生中凸显出来的方式。

我曾问过很多同行这样一个问题："在班上你最容易注意到哪些学生？"这些朋友大多会回答："表现优秀的学生！""家长叮咛我多关照的学生！"

的确，在多年的教学生涯中，我自己也经常会下意识地遵照这样一个规律：在课堂上找人回答问题的时候，我脑海中最常浮现出的名字，首先是那些平时表现特别优秀的孩子，其次就是那些家长特别叮咛要我关照的孩子……

对此，家长也不必感到奇怪或者心中忿忿不平。每一个老师每天要面对的学生少则几十个，多则上百个，一个老师就算再尽职尽责，也不可能有足够的精力去注意所有的学生。

所以，家长平时多与老师沟通，多在老师面前提起自己的孩子、介绍自己的孩子，其实就是让自己的孩子能够在众多学生中凸显出来的一种方式。

十多年的教师身份和现在的家长身份让我明白了一个道理：**孩子的教育不是家庭或学校单方面就能完成的，而是需要家庭和学校共同努力。只有家庭与学校形成一股合力，教育才会更有成效。**

因此，在这里，我建议家长们多抽出一些时间，去了解老师，与老师多做一些交流、沟通，这是保证孩子在成长、学习过程中能够一帆风顺的必要条件。

那么，我们需要去了解老师的哪些方面呢？

◈方法一：了解老师的教育观念

在多年的教学过程中，我曾和各种类型的教师打过交道，其中对两位老师的印象尤为深刻：

教师甲是某所小学的资深教师，在他教孩子学汉字的过程中，经常是将一个汉字拆成一笔一画，让孩子们每一个笔画写10遍、20遍，直至将这个汉字写得滚瓜烂熟。

教师乙则侧重于让孩子去理解汉字的整体意义，让孩子们从整体上把握汉字的构造，注重意会，引领孩子去领悟字义，在掌握汉字意义的基础上让孩子学会写汉字。

结果，教师甲教出来的学生在小学阶段总是能够取得不错的成绩，而教师乙教出来的学生往往并不出众。很多家长都一窝蜂似的要把孩子送到教师甲的班级，而不愿意送到教师乙的班级。

然而，实际上，教师甲教出来的学生，虽然在小学阶段成绩非常不错，但是当他们升入中学之后，这种死记硬背的学习方式就渐渐显出了弊端，很多孩子在升入中学之后都明显感觉到吃力和不适应。而教师乙教出来的孩子在小学阶段就已经养成了比较灵活的思维方式，不少孩子在上中学之后都慢慢跨进了优秀生的行列。

就两个人的教育理念我曾分别问过他们："你知道自己的教学理念可能给孩子带来的利弊吗?"

教师甲回答我说："虽然我知道我的教学方式有弊端，但是我只要管好现在就可以了，孩子在我手里能获得好成绩，能取得高分就好，以后怎么样，不是我能左右的。"

教师乙则告诉我："我知道，我的这种教育观念常常不被家长们接受，谁也不会把中学之后孩子的优秀和小学阶段的教育联系起来，但是，我不在乎别人怎么看，我要对孩子今后的学习负责任。"

听我说完这两位教师的教育观念，家长朋友们可能会对第一位教师心生不满：作为老师怎么能对孩子这么不负责任?

其实，老师也有自己的苦衷。老师只重分数，而忽略其他，也是处于应试教育中的无奈之举，毕竟我们当前的考试制度依然是以分数定乾坤。

正是因为这样，我们才更有必要去了解一下老师的教育理念，只有了解了老师的教育观念，才能在家庭教育中有针对性地采取措施给予孩子相应的辅导。**简单来说就是两个字——互补，老师没做到的，要在家庭教育中弥补。**例如：

◆如果孩子的老师重分数而轻其他，那么我们就要在私下侧重孩子各方面能力的培养，并在家里帮孩子减减压；

◆如果孩子的老师重视培养孩子各方面的综合能力，那么我们就得在私底下让孩子在学习上多下点儿功夫。

人无完人，老师也不例外，总会有自己的优势和劣势，作为孩子的家长，我们与其去挑剔和指责老师的不足，还不如多费点心思，去弥补老师的不足，为孩子今后的优秀铺平道路。

◎方法二：了解老师的教学方法

作为一名老师，我经常会旁听别的老师讲课，在这些老师的课堂上，经常会出现两种截然不同的场景：

有些老师讲课生动，妙趣横生，同学们就会神情专注，精神亢奋；

有些老师讲课枯燥乏味，干巴巴的没有味道，同学们就会瞌睡连连，一点儿精神都没有。

作为家长，孩子们在课堂上的这些表现你了解吗？对老师的教学方法你又了解多少？或许你会问：“了解老师的教学方法、教学风格对孩子的学习有什么帮助呢？”

要我说，了解这些对孩子学习的帮助简直太大了。我们可以想一想：如果一个老师的教学方法偏于死板，孩子在这个老师的课堂上经常走神甚至是“私会”周公，孩子的学习状况还能好得了吗？相反，如果一个老师的讲课方式过于灵活，在课堂上总是讲一些课外的东西，孩子对此是会很感兴趣，但一堂课下来，对课程要点却并没有掌握多少，还能完成学习任务吗？

正因为如此，家长们了解老师的教学方法，再根据老师的教学方法，在课下帮助孩子提前做一些功课是非常有必要的。

那么，这功课该怎么做呢？

◆如果老师习惯用教科书讲课，那就引导孩子做好预习工作。预习的对象，可以是一些与课文相关的课外知识、延伸知识。

◆如果老师侧重于教材知识的延伸，那就告诉孩子在课前详读课本。如果孩子在课前详读了课本，那他对老师将要讲的核心内容就有了一定的了解，听课的时候就有了大致的方向，就不会因为漫无目的地听而跟不上老师的思路了。

当然，不管老师的讲课方式怎样，家长都要向孩子灌输这样一种理念：高举手，积极回答问题。这是紧跟老师讲课思路的一种方法，思路跟上了，孩子才能听得懂，才能愿意听，也才能学得好。

◎方法三：听听老师对孩子的评价

在和家长接触的过程中，我经常会提到这样一点：在家长与老师沟通时，很重要也很有必要了解的一点就是老师对孩子的评价。

每当听到我这么说，家长都会表示疑惑：老师对孩子的评价真的有那么重要吗？

对此，家长不妨来看看一些孩子在获得老师的评价之后回家的表现：

男孩小辉在学校挨了老师的批评，回家后闷闷不乐，对家长一通抱怨，说老师严肃、刻板；

女孩小樱在课堂上表现良好受到了老师的表扬，回家后兴高采烈，学习的积极性似乎也高涨起来了。

看到这样两幅场景后，家长是不是已经意识到了了解老师对孩子的评价的重要性了呢？

如果是的话，接下来我们就需要注意这样两个问题了：

我们如何知道老师对孩子的评价？我们对老师给予孩子的评价该采取怎样的态度？

首先，对于如何知道老师对孩子的评价，我们可以通过这样两个途径：其一，主动找老师了解情况；其二，通过孩子对老师的评价推断老师对孩子的评价。

关于第一种方式大家都很好理解，在和老师的交谈过程中，我们便能大体从老师口中得到一些老师对孩子的评价情况；对第二种方式，大家可能就会感到迷茫了：怎么能从孩子对老师的评价中推断出老师对孩子的评价呢？

其实，只要家长对孩子足够用心，这一点也很容易做到。小学阶段的孩子毕竟还小，有什么心事都藏不住，高兴或者不高兴都会表现在脸上。如果孩子对某个老师总是满嘴怨言，心存不满，大多是因为挨了老师的批评，或者说老师并不喜欢孩子；相反，如果孩子每次回家都是欢欢喜喜的，嘴里总是说着老师的好话，可能孩子就是老师眼里的好学生，很受老师喜爱。

明白了这样两种途径，我们下面需要考虑的问题就是：面对老师对孩子的评价，家长该采取怎样的态度？

有这样一句话：“兼听则明，偏信则暗。”意思是说同时听取各方面的意见，才能正确认识事物；只相信单方面的话，必然会犯片面性的错误。在对待老师给予孩子的评价问题上也是这样，家长要尽量做到“兼听兼信”。

这句话怎么理解？

作为老师，我很了解这种情况：一些老师因为某些孩子把他教授的科目学得好就对孩子喜爱有加，在评价孩子时褒大于贬；而对那些没有学好他教授的科目的孩子，可能就多少会有一些成见。

即使某个老师经常夸赞孩子，家长听了虽然高兴，但也不应该飘飘然，还应该从其他老师那里去多方面了解他们对孩子的评价。

如果某个老师对孩子有些不满，家长听了即使不快，也不要一下子彻底否定孩子，而要多了解一下别的老师对孩子都是怎么评价的。

在了解所有任课老师对孩子的评价之后，再加上家长自身对孩子的了解，我们就能在掌握孩子情况的基础上做出明智的判断：

◆对老师中肯的批评要仔细思量，看看孩子身上是不是确实存在这个问题，有则改之。

◆如果老师对孩子的评价失之偏颇，家长就要尝试着去改变孩子在老师心目中的印象。例如，老师因为孩子学不好他教授的科目对孩子有偏见，家长不妨下功夫帮孩子把这个科目的成绩提上去，同时，家长要多在老师面前说一说孩子的优点，让老师对孩子有一个全面公正的认识。

3 了解自己

一次月考过后，就班上学生的考试情况，我召开了一次家长会，在会上一些家长给我留下了深刻的印象：

家长甲一听说自己的孩子考得不好，脸色立刻就阴沉了下来，看那架势，若是孩子在跟前，保不准这位家长就会痛揍孩子一顿；

家长乙一听说自己的孩子退步了，并没有做出特别激烈的反应，只是在家长会后留了下来，仔细地向我打探孩子最近的学习情况；

家长丙听到自己的孩子又没有考好，脸上浮现出一些不愉快，接着叹息道："我家那个孩子算是没治了，整天就知道玩儿，我们管都管不住！"

……

面对孩子在考试中出现的问题，家长们的不同表现其实也就反映了他们对待孩子的态度。而家长对待孩子不同的态度，恰恰会对孩子今后的学习生活产生影响。

正是因为明白这一点，在和身边的家长接触时，我经常会对家长们说这样一句话："想要对孩子今后的成长负起责任，家长光是了解了学校、了解了老师还不够，一定还要清楚自己是什么类型的家长，是否对孩子的教育真正负起了责任。"

在多年与家长打交道的过程中，我将家长大致总结成以下几种：

（1）科学民主型。

这一类型的家长在对待孩子的问题上，常常是比较冷静、科学、理性的。他们不太会限制孩子的自由，但也不会过度放任孩子，宽严相济、理性管理。在这种管理模式之下，家长既能保证孩子在成长的道路上不会出现大的偏差，又能保证孩子独立自主地发展。

（2）严厉粗暴型。

“如果孩子在学校的表现不能让你满意，你会怎么做呢？”

当我这样问一些家长时，有家长这样回答：“孩子不争气，我看他就是欠揍，揍他一顿就老实多了！”

每每听到这样的话，我都无言以对。对待孩子的教育问题，能用这样简单粗暴的方式来解决吗？

或许在孩子小的时候，家长这种粗暴的方式能让孩子怕你、服从你，进而肯按照你的意志老老实实去学习；然而，随着孩子逐渐长大和自我意识的觉醒，逐渐叛逆的孩子还可能老老实实地配合你吗？恐怕不会了。

而且，这种简单粗暴对待孩子的方式，还可能带来弊端，那就是孩子在家长的权威之下，变得越来越胆小，越来越怕事，什么都不敢去尝试。

（3）溺爱放纵型。

我认识这样一位家长：

她的孩子身体不是很强壮，经常生病。每次孩子一有个头疼脑热，这位家长就会对孩子说：“在家里休息吧，今天不用去上学了！”

在这样的教育方式之下，这个孩子变得越来越不把学习当回事儿，动不动就找借口不去上学，虽然小学阶段的学习任务并不算重，但他还是被别人远远地甩在了后边。

这位家长就是对孩子放纵溺爱的典型。一切以孩子为中心，其他事情都可以为了孩子的安逸让道。然而，这真的是爱孩子吗？现实生活中无数的事实告诉我们，不是的。家长无原则地溺爱孩子，会造成孩子娇蛮任性、为所欲为的个性，这对孩子今后的成长来说，是非常不利的。

（4）放任自流型。

实际教学过程中，我与这类家长接触得不少。他们身上一个显著的特点就是对孩子的学习采取“放羊式”管理，说通俗一点儿，就是对孩子的学习生活不闻不问。

孩子若是具备一定的自我约束能力、自制能力，家长采用这种管理方式也无可厚非，但小学阶段的孩子显然还不具备较强的自我约束能力以及自制能力，家长对其放任自流很可能会使孩子走上歪路。比如说，如果家长对孩子课下时间的安排从不过问，孩子就可能会将这些时间全部用到玩耍上，耽误了学习；如果家长对孩子周围的朋友，从来不去做一些了解，孩子就可能会结交上一些社会上的不良少年，走上歪路。

说完了这四种类型，家长不妨好好想一想，你是属于哪一种类型的呢？

如果是第一种，那很好，我要恭喜你具备如此开明的教育观念，也可以肯定地告诉你，把你这种教育方式坚持下去，你将会培养出优秀的孩子；

如果是其他三种，我就要向你提个醒儿了：错误的教育方式很可能毁了孩子的一生。

了解了自己属于哪一类型的家长后，我们就要采取一些相应的措施来纠正自己的行为了！

◇ 方法一：严厉粗暴型——遇事冷静三分钟

每一位家长都对孩子寄予了极高的期望——望子成龙，望女成凤。然而现实的情况却往往不是很乐观。因为孩子还小，玩心太重，难免会有忘记学习或者轻视学习的时候。

当孩子的表现与家长的期望背离时，有些家长会忍不住心中的怒火，对着孩子发泄一通。家长“恨铁不成钢”，对孩子严格，我能理解，但是轻则斥责、重则打骂的粗暴教育方式，真的能促进孩子成长吗？我看不见得。

就拿我教过的一个孩子为例：

女孩青青上三年级的时候一直都很乖很听话，成绩也一直不错。可是上了四年级之后，青青的学习成绩发生了非常大的变化，人也变得沉默寡言起来，以前乖巧伶俐的孩子，渐渐变得敏感、暴躁、时不时还会撒谎……看到孩子的这种变化，我心里很纳闷，便对青青进行了一次家访。

和青青的妈妈刚说完孩子在学校的情况，她的妈妈脸色立刻就变了，也不顾及我在场，当下就没好气地训斥孩子："你瞧瞧你，就不知道给我争口气，成绩是一个劲儿往下掉，不求上进，不思进取，我怎么会有你这样的女儿！"

"反正在你眼里我就是一个坏孩子，我怎么做你都看不顺眼，那我就坏给你看！"青青歇斯底里地冲妈妈喊。

看到这一幕之后，我终于明白青青身上为什么会出现这么大的变化了。**就是因为家长错误的教育态度，才将孩子"逼"到了歪路上。**

小学阶段的孩子成绩有一些起伏是很正常的现象，如果家长因为孩子一时成绩不好就大发雷霆，用言语刺激孩子或者体罚孩子，不仅不科学，还可能给孩子的身心造成无法挽回的伤害。就像案例中提到的青青，因为妈妈总是对她挑剔指责，让她的学习积极性大受打击，本来还算优秀的女孩竟慢慢成了问题学生。

所以，为了防止孩子在这种错误的教育方式下走偏、走歪，家长及时纠正自己对待孩子的错误态度是当务之急。

简单粗暴型的家长，在面对孩子的问题时该怎么做呢？那就是遇事先冷静三分钟。

大家都有这样的经验：当我们的情绪处于一种激动状态时，往往不能够理智地去处理一些事情，因此，适当地控制自己的情绪，在想要发火的时候提醒自己冷静一下。再面对问题时，可能就会采取更加理智的处理方法了。

对此，一位尝试过这个方法的家长跟我进行过交流：

以前，我一听说孩子学习上出了什么问题，就会暴跳如雷地训斥他，但让我气愤的是，这孩子不仅把我的话当成耳旁风，还大有一股和我对着干的架势，打过骂过可都不管用。

可是有一次，当我控制住自己的怒火，没有立刻对孩子发作，而是让自己冷静了几分钟后，事情反而有了意想不到的变化。

在冷静下来后，我的大脑重新恢复了理智，看着一旁一脸忐忑不安的孩子，望着孩子眼神里的担心和叛逆，我的心重重地疼了一下：谁小的时候不会犯错误？谁能天生就优秀？我总是想让孩子按照我预定的标准去成长，却从没有对孩子进行过耐心的引导，孩子又怎么知道该朝哪个方向努力呢？

想通了这些问题之后，我再对孩子提出要求时，大多能充分考虑到孩子的实际情况……没想到在我这么做之后，一向与我对着干的孩子，反而非常配合，教育过程中所遇到的很多问题也随之迎刃而解了。

孩子虽小，但也具备了一定的自我意识，家长无原则的训斥、打骂，不仅不能让孩子达到家长的预期标准，反而会起到揠苗助长的不良作用。相反，如果我们在面对孩子身上出现的问题时，能够更加冷静，尊重孩子本身的性格特点及其成长阶段的特征，然后再去帮助孩子纠正成长过程中的错误，是不是就会简单多了呢？

◎ 方法二：溺爱放纵型——让自己的爱更理性

不可否认，每个家长都是爱孩子的，但若是家长对孩子的爱没有底线，没有原则，那么，这对孩子的成长而言就是非常不利的了。

在多年教学过程中，我曾接触过各种类型的家长，其中不乏对孩子放纵溺爱的典型。家长这样做，孩子会成为什么样子呢？

我们不妨来看看这样一个真实的例子：

男孩小伟一直被父母捧在手心里，孩子说要星星，父母不敢给月亮。一直在这样的环境里成长，小伟养成了骄纵霸道的性格。在学校里，和伙伴相处时也跟小霸王一样，谁要是不按照他的意志来，他就会又哭又闹，不依不饶。为此，很多孩子都远远避开他，不愿意跟他一起玩儿。小伟渐渐变得形单影只，性格也因此变得越来越孤僻。

对此，家长不必感到奇怪，家长的爱缺少原则，孩子必然会出现这样那样的问题。在现实生活中，家长自己也可能会深有体会：因为我们对孩子娇惯放纵，孩子养成了娇蛮任性的性格；因为我们对孩子无原则溺爱，孩子唯我独尊，自私霸道……

作为一名从事教育工作多年的老师，在此，我要提醒各位家长：如果你也对孩子溺爱无度，那么是时候控制一下自己对孩子爱的“阀门”了，让自己的爱更理性一些。

何谓理性的爱？不要无原则地满足孩子的要求；对孩子身上出现的问题，不能姑息；对孩子的事情不要包办，培养孩子独立自主的能力。

我身边就有很多家长因为对孩子爱得理性，进而培养出了优秀的孩子：

小辰是一个三年级的男孩，在家里，父母从来不会一味迁就他的要求，如果他的要求有过分的地方，父母就会很果断地拒绝。在这样的教育之下，小辰从不会像别的孩子一样提出一些无理的要求。

夏夏是一个二年级的女孩，从她具备一定的自理能力之后，父母就让她自己收拾屋子，自己洗衣服，相比于同龄人，夏夏显得格外懂事与成熟。

……

很多教育专家也曾表示：在对待孩子的教育问题上，只有家长给予孩子的爱足够理性，才能避免孩子淹没在家长无原则的“爱河”

里找不到方向和出路。所以，对孩子宠溺的家长，如果不想自己的孩子落在别人后面，如果不想自己的孩子与优秀绝缘，从现在开始尽快纠正自己错误的教育方式吧！

◇方法三：放任自流型——给孩子多一些关注

在一次关于孩子教育问题的主题研讨会上，我曾问过家长们一个问题：“怎样才是正确教育孩子的方式？”

家长们的回答五花八门，其中有不少家长持有这样的观点：树大自然直，孩子还小，就算身上有什么问题也不需要大惊小怪，长大了自然就好了。

每每听到这样的言论，我都会暗暗为孩子们捏一把汗。小学阶段的孩子，就像是一株株小树苗，未来长成什么样子都是未知的，俗话说：“小人要管，小树要砍。”在孩子成长的过程中，他们身上难免会出现这样那样的问题，只有作为“园丁”的家长敏锐地捕捉到孩子身上的问题，帮助孩子及时将这些问题扼杀在萌芽状态，才可能保证孩子的成长方向是正确的，是不会偏离正轨的。

很显然，家长对孩子的成长采取放任自流的态度本来就很难做到“明察秋毫”，又怎么能保证孩子的成长轨迹一直都是正确的呢？所以，家长朋友们，在对待孩子的教育问题上，绝不能对其放任自流，而应该拿出足够的精力对孩子多一些关注。

或许你又会说：“不是我不想关注孩子，只是我平时工作很忙，根本没有时间去顾及孩子啊！”

忙，不是我们不去关注孩子的借口。可以试想一下，你现在为了工作、为了事业，夜以继日地打拼，忽略了对孩子的教育，当你的事业如日中天之时，孩子却并不成器，你的心情还能自豪得起来、轻松得起来吗？

作为父母，我们最大的心愿无外乎自己的孩子能够成才、能够争气。可是，如果我们对孩子放任自流，不去关注孩子的成长状况，就不可能对孩子身上出现的一些问题及时“把脉”，孩子最终会成长成什么样子，就会脱离我们的掌控。

那么，作为家长应该关注孩子的哪些方面呢？

◆孩子最近的学习状况怎么样？

◆孩子最近的情绪状态怎么样？

◆孩子为什么不愿意按照我的要求去做，我的要求不合理吗？

◆孩子在生活当中是不是遇到了什么困难？

◆孩子与周围人的关系如何？

试着从这些方面去关注你的孩子，看一看他的身上是不是出现了让你担心的问题。你会发现，孩子遇到问题时，大都需要你的帮助与引导，并非是能够“自然直”的天才。

4 了解孩子

我曾在课堂上做过这样一个调查：“你的父母是否了解你？”

班上30名孩子的回答竟然出奇地一致：“我的父母一点儿都不了解我。”

看到孩子们这样的答复，家长们是不是会迫不及待地喊冤：

“我怎么不了解他？他喜欢吃什么、穿什么、玩儿什么，我了解得一清二楚！”

“我还不了解她？一个整天就知道看动画片的小丫头。”

“孩子是我生的，他几斤几两，我还不清楚吗？”

……

听家长说得这么理直气壮，好像他们对孩子真的了解得挺透彻似的。然而事实真是那样吗？我看不见得。

不信的话，我们可以一起来看看生活中的一些场景：

自以为非常了解孩子心意的家长为孩子报了一项特长班，但孩子却对上该特长班一点儿兴趣也没有；

自以为对孩子了如指掌的家长给孩子提出这样那样的意见，但孩子却把家长的话当成了耳边风；

自以为对孩子的一举一动都很清楚的家长，面对孩子忽然之间的闷闷不乐百思不得其解。

当家长对孩子身上出现的种种问题感到迷茫时，你还敢自信地说自己对孩子非常了解吗？当家长再也猜不透孩子的心思，对孩子身上出现的状况束手无策时，你还能说自己了解孩子吗？

什么是对孩子真正的了解？知道孩子爱吃什么、爱穿什么、爱玩儿什么、高了、胖了、高兴了还是不高兴了，就算对孩子了解吗？不是的。知道这些，只能说明你是个爱护孩子的家长，并不足以说明你是位优秀的家长，甚至可能连合格都称不上。

大家都有这样的经验：要想评价一个人，光是看一个人的外表肯定不能轻易下结论，只有与之深入相处，对他的内在世界与精神内涵有一个全面的了解之后，才可能对这个人有一个比较公正的评价，进而明白自己该如何与之相处。

其实，在了解孩子的问题上也是这样，家长如果总是抱着一种“我很了解你”的高姿态，就不可能真正地走进孩子的内心世界，也就不可能对孩子做到充分的了解。一个对孩子不够了解的家长，是很难做到对孩子因材施教，做好家庭教育中自己该做好的那些工作的。

这就好比下棋，你对对手的棋路、对手的心理、对手出棋的习惯揣摩不清，就会在落子的时候心中没底儿，不知道该如何应对对手的棋招。对应到孩子的教育问题上，我们就可以这样理解：如果我们不能对孩子有充分的了解，那么当孩子身上出现状况时，我们就会束手无策。

如何避免这种情况的发生呢？这就需要家长在日常与孩子相处的过程中，主动去了解孩子。

了解孩子哪些方面呢？可以从以下几个方面入手。

◎ 方法一：了解孩子的优缺点

和一些家长就这个问题进行沟通时，我听到了这样两种截然不同的声音：

“我家孩子哪有什么优点，整天就知道玩儿，调皮捣蛋，真是让人头疼死了！”

“我家孩子干什么都不用人担心，无论他去做什么，我都放心得很！”

一类家长说起孩子时一脸痛苦之色，好像自己的孩子真的一无是处；一类家长说起自己的孩子时一脸自豪，好像自己的孩子就是无可挑剔的完人。

面对家长们这两种截然不同的态度，我常常会非常严肃地告诉他们：如果你总是盯着孩子的缺点看，那么孩子做事的积极性就会大受打击；相反，如果你总是盯着孩子的优点，那么孩子则可能因为你的赞美而有些飘飘然，进而生出骄傲自满的情绪。

只看孩子的优点，或是只看孩子的缺点，显然都是不科学的。每个人都有让别人羡慕的优点，同时也有一些缺点，孩子自然也不例外。家长在了解孩子的优缺点时，如果总是偏于一面，对孩子的认知就可能走进“死胡同”，对孩子的了解也很难做到科学和全面。

家长为什么会钻进这样一个对孩子认知的“死胡同”？进一步探究，我们就会发现，其实很多时候，家长认为孩子好还是不好，并不是根据孩子本身的实际情况来判断的，而是被自己的主观情绪所左右。换言之，家长在看待、评价孩子的时候往往会掺杂进自己的好恶，如果孩子能够按照家长的意志去做，什么事都能做得让家长满意，那么在家长眼中，他就是无可挑剔的好孩子；反之，孩子在家长眼里就会一无是处。

很显然，这种评判孩子的标准是有失公允的。

那么，家长究竟该怎么做才能保证对孩子优缺点的了解是全面的、对孩子的评价是公正的呢？

家长不妨采取这样几种方式：

◆多问一问孩子身边的人（这些人可以是孩子的老师、同学、朋友），孩子的优点是什么，缺点是什么；

◆从日常生活的小事中发现孩子的优点或者缺点，用笔记下来；

◆不要戴着有色眼镜去看孩子，不要用完美的标准来要求孩子，而是公正地评价孩子；

◆发掘自己的孩子与其他孩子的不同点，这些不同点可能是缺点，也可能是优点；

◆如果发现了孩子的缺点，不妨让孩子自己说出几项优点来弥补一下缺点。不要打断他的话，把他说出的优点与他自身实际相比较，看是否属实；

……

当家长能够用心地用放大镜去发现孩子上的优点或者不足，也就能够对孩子身上的优缺点有一个全面清楚的认识了。

◇方法二：明确孩子的个性如何

日常教学过程中，我接触过很多的孩子，每个孩子都像是充满朝气的精灵，古灵精怪，让人在喜欢的同时又有些头疼。喜欢的是，每一个孩子都拥有自己独特的个性，每一个孩子都像是刚刚升起的太阳，有着无限光明的未来；头疼的是，这些孩子个性迥异，就像是一块块璞玉，需要我们耐心地打磨，稍有不慎就可能让这块“璞玉”受到损害，难以成器。

每次说到这里，有些家长就会不胜感慨：

“是啊，我家孩子就是个性太倔，我们说什么他都不配合！”

“我家孩子胆子太小，让他做什么都不敢！”

“我家孩子倒是胆儿贼大，不过做事太莽撞了！”

……

听着家长们或无奈，或气愤地说起自己家的孩子，我常常会告诉他们：面对孩子迥然不同的个性特征，家长一味地着急、抱怨是没有用的，只有对孩子的个性特征有一个清楚的了解，才能保证我们在打磨这块“璞玉”的时候，不至于犯一些有违孩子本性的错误。

那么在小学阶段，孩子身上显著的个性特征都有哪些呢？

通过我与孩子们多年的接触，我认为孩子的个性特征大体上可以分为两类：积极的个性特征与消极的个性特征。

（1）积极的个性特征。

自信、有毅力、反应敏捷、有原则、谦虚、合作、适应能力强、积极乐观，等等。

（2）消极的个性特征。

暴躁、嫉妒、任性、孤僻、怯懦、自卑、狭隘、神经质、屈从、没有主见，等等。

孩子身上具备积极的个性特征，对他今后的发展来说自然是好事，但对那些可能会影响孩子健康成长的消极的个性特征，家长就要及时采取措施，帮助孩子朝着积极的方向发展。

◇ 方法三：知道孩子的习惯有哪些

在教育界一直流传着这样一句话："习惯可能成就一个人，也可能毁灭一个人。"当然，前半句说到的习惯是指好习惯，而后半句说到的习惯则是指坏习惯。

这句话不仅适用于我们成人，同样也适用于小学阶段的孩子。不知在家庭生活中，家长可曾注意过孩子的一些行为习惯：

有的孩子在做作业的时候，经常不能集中注意力，东张西望，而他做作业的效率也往往不高；

有的孩子生活没有条理，一会儿铅笔找不到了，一会儿作业本找不到了，无论做什么都是一团乱麻；

有的孩子学习非常有规律，坚持不懈，成绩一直都很优秀；

有的孩子有坚持写日记的习惯，写作能力在潜移默化中不断提升。

看到这些习惯对孩子所产生的影响，你想到了什么呢？你是否意识到习惯对孩子发展的重要性？孩子拥有好习惯还好，如果孩子拥有的是坏习惯，作为家长就要有一种忧患意识，将孩子这些坏习惯扼杀在萌芽状态。

在多年教学过程中，我将孩子们经常会出现的一些坏习惯总结成这样几点：

（1）粗心马虎：粗心大意，马虎粗糙。孩子在各种练习中经常会犯低级错误，总出现漏写、错写等错误。

（2）磨蹭拖沓：做事总是拖拉，效率不高，往往表现为学习不够专注也不能持久，写作业时总爱边写边玩儿。

（3）随意杂乱：做事缺乏条理，虎头蛇尾。学习及生活用品随意乱放，丢三落四，经常东找西找，生活自理能力差，学习效率低。

（4）懒散任性：个性不稳定，易受干扰。上课时往往不能集中注意力，随便讲话，小动作多，容易迷恋上网，等等。

（5）依赖性强：不能或不愿意独立完成自己的事情，总想让家长介入或帮助，出了问题也不积极应对。

（6）被动应付：需要家长或老师督促才肯学习，不能主动积极地完成作业，有时甚至抄袭或不交作业，学习上有问题也不爱提问。

（7）浮躁毛糙：上课一听就以为懂了，其实没有真明白；有些题目一看简单就忽略不做，可是一做往往就不会；拿到题目不审就去做，没有良好的解题习惯；作业一多就烦，家长一说就烦；考试发挥不稳定，经常会失常。

（8）爱找借口：凡事出了问题总爱找借口，爱说“我以为”“如果”“本来”“要不是”“没有办法”“反正”“没想到”“我保证”“以后注意”等，或者干脆说“我不知道”。

以上这些不良习惯，我们的孩子身上或多或少都会有一些，家长们一定要认真去了解。发现孩子有某种不良的习惯时，千万不要漠视它，更不要觉得孩子身上有一点半点的毛病无所谓，不会对孩子今后的成长有什么大影响。

事实上，任何一种不良的习惯，都可能会害了孩子，尤其是磨蹭拖拉、粗心马虎、爱找借口、依赖这几种，说实话，在我认识的形形色色的人中，还没见过哪一个有这些不良习惯的人最后能够成功的。所以，家长一旦了解到孩子有什么不良的习惯，一定要及时采取措施帮助孩子纠正，纠正得越早，对孩子越好。

5 了解孩子所处的阶段

在一次教育研讨会上，一位有着多年教学经验的老教师提出了一个问题：“如果把小学 6 年划分成几个阶段来概括孩子的学习状态，你将如何划分?”

众人各抒己见，等众人争论过后，这位老教师发表了自己的看法：

1 ~2 年级（小学低年级）——“爱上学习”阶段。

3 ~4 年级（小学中年级）——“学会学习”阶段。

5 ~6 年级（小学高年级）——“越学越有劲儿”阶段。

听完这位老教师的划分方式，我们在座的每一个老师都不由得眼前一亮，对这位老教师的看法深表赞同。

的确，小学一二年级，孩子对学习的认识几乎是一片空白，在这一阶段，他们的主要任务是正确认识学习，并对学习产生兴趣。到了三四年级，如果孩子还没有采用正确的学习方法，那他的成绩一定提升很慢或很难提升；如果一个孩子到了五六年级还总是认为学习是一件“不得已而为之”的事情，那他对自己的学习能力肯定不会有信心……

所以，在小学阶段，家长们还有一个非常重要的任务，那就是了解孩子在每个年级阶段的主要特点，并帮助孩子完成该年级阶段的主要任务。

◇ 方法一：小学低年级（1 ~2 年级）——让孩子“爱上学习”

和一些家长接触时，我曾问过家长们这样一个问题：“面对小学一二年级的孩子，你知道自己应该为孩子做哪些工作吗?”

面对我的问题，大多时候，家长们都会表现得有些迷茫，“小学低年级，孩子的课业任务并不重，就由着他去好了，不用我们操心吧?”

其实，家长之所以会有这样的回答，是因为他们对小学阶段的划分还没有一个清楚的了解。

对此，我经常会这样告诉家长们：“如果把小学阶段看作是一个整体，那一二年级，即小学低年级便是这个整体中的初始阶段。这一时期，孩子对学习的认识几乎是一片空白，在这一时期孩子对学习的第一感觉是‘有趣’的还是‘无趣’的，往往影响着孩子的整个学习生涯。所以，在一二年级，家长的主要任务就是激发孩子的学习兴趣，让他们爱上学习。”

在一二年级，孩子的分数、成绩并不是重点，让孩子喜欢上学习并乐于学习，才是家长教育的重点。

关于如何让孩子喜欢上学习，一位家长分享了他的经验：

教孩子学习，我从来不像老师给学生讲课那样一本正经地讲，让孩子一动不动地听，而是采用多种多样的有意思的形式。例如：

在大街上教他识字；

在玩儿“开小卖部”的游戏中教他算数；

在给他读故事的过程中教他认识更多的字；

……

现在，一提到学习，我家孩子就特别积极，因为在他心目中，学习总是与那些有意思的事情联系在一起的。

从幼儿园进入小学，特别是在一二年级，每个孩子都要经历一个适应过程，这里的适应不仅仅指心理上的适应，还包括学习方面的适应。在幼儿园阶段，大多数孩子都是在玩耍的过程中学习的，进入一二年级，如果家长要求孩子马上就进入一本正经的课堂式学习状态，不但不现实，而且还会使孩子觉得学习是一件枯燥的事情。

但如果家长在教孩子学习的过程中能够讲究一些策略，就像案例中那位家长的做法，用各种有意思的方式引导孩子学习，不但会使孩子觉得学习是一件有意思的事情，而且还能把孩子的学习积极性极大地调动起来，从而促使他们尽快适应小学生活。

所以，从长远角度来讲，为了使孩子顺利地走过学习生涯中这个重要的初始阶段，在一二年级，家长们必须谨记这样一种观念：分数高低并不重要，孩子的学习兴趣才是最重要的。

◎ 方法二：小学中年级（3～4年级）——让孩子“学会学习”

进入三四年级之后，孩子在一二年级所表现出来的诸多不适应已经消失了，他们开始以真正的“校园主人”自居了。但在这时，细心的家长又会发现，孩子又出现新的问题了，很多三四年级孩子的家长经常这样向我抱怨：

“我家孩子学习很用功，但成绩却总不见起色，这可怎么办呀！”

“我家孩子只知道用笨方法学习，头脑一点儿都不灵活！”

……

在三四年级这一阶段，大多数孩子都已经摸到了学习的“门道”：上课时不再坐不住，下课也会主动完成作业了……但在学习方法方面他们却仍然延续以往的“老套路”：上课听课、下课疯玩儿、回家后写作业。这样，一天的学习任务就算完成了。

我们都知道，在一二年级阶段，孩子所学的都是一些最基础的知识，而且为了使孩子把这些基础知识掌握得更加牢固，在学习新知识之前，老师都会带领孩子进行多次细致的复习。所以，在一二年级，孩子不用什么学习方法也能把知识完全掌握。

但到了三四年级阶段，情况就大不相同了。三四年级孩子所要掌握的知识量明显增加，而且也开始出现了一定的难度，老师也不再像以前那样总是重复地讲解同一个知识点了。这时，如果孩子还是按照以前的“老套路”学习，那他们在知识的掌握上必定会出现

“掉链子”的情况。即，前一天所学的知识没有完全掌握，后一天老师所讲的内容就会听不懂。长此以往，即使孩子学习再用功，成绩也不会有太大起色。在这种情况下，家长的重要任务就产生了，那就是——引导孩子使用一些学习方法，教他们学会学习。

对此，一位明智的家长是这样做的：

孩子进入三年级后，一天吃过晚饭，这位家长没有急着催促孩子去写作业，而是对孩子说：“如果你先把老师白天所讲的内容看一遍，一会儿写作业时就会特别顺利了。”孩子按妈妈所说的去做了，果真，他不仅顺利地完成了作业，而且比平时还节省了很多时间。不仅如此，第二天，孩子一放学就兴奋地对家长说：“妈妈，昨天晚上你告诉我的‘把白天老师所讲的内容看一遍’的方法真有效，今天老师上课时所提的那些问题我都会，而且都抢答成功，真是威风极了！”这时，孩子的妈妈及时地告诉孩子：“这种方法叫‘复习’。”

进入四年级后的一天晚上，孩子做完作业后，孩子的妈妈又对他说：“如果你把明天要讲的内容都看一遍，明天听课时你就觉得轻松多了。”孩子照做了，因为准备充分，第二天他在课堂上又“威风”了一把。从此以后，孩子知道了他所用的这种方法叫“预习”，并很快爱上了这种方法。

“复习+预习”的学习方法不仅能够有效地弥补孩子在学习过程中“掉链子”的现象，还能使他们把知识掌握得更加牢固。更重要的是，它还能使孩子产生学习的成就感。因为课程之间的连贯性，到了三四年级，大多数老师的讲课模式分为两个环节：简单提问一些前一天所学的内容、讲授新知识。在提问这个环节中，因为运用复习这种学习方法的孩子把前一天所学的知识都完全掌握了，就可以在课堂中好好“威风”一把了。总能在课堂上积极地表现自己并占尽“风头”，孩子自然越学越有劲儿。

除了复习和预习之外，家长还可以教孩子一些在课堂上听课的技巧和做作业的技巧。如上课时，试着把老师所讲的内容记在笔记本上；做作业时，把简单的题目做完后，再集中精力攻克难题，等等。

◈ 方法三：小学高年级（5～6年级）——让孩子“越学越有劲儿”

进入五六年级小学高年级阶段，孩子马上就要面临小升初，这时，大多数家长开始向孩子施加压力了。一位家长就曾非常着急地对我说：“我都要让孩子愁死了，马上就升初中了，他对待学习还不慌不忙呢！每个周末我都会把他锁在家里，逼着他学习。”

这位家长的孩子是我正在教的一个学生，他很聪明，但就是贪玩，成绩总是忽上忽下很不稳定，因此被我列为重点培养对象。但最近一段时间，我发现他的学习积极性明显下降，甚至有点儿“破罐子破摔”的迹象。

现在听他的家长这样说，我终于知道他学习积极性下降的原因了：五六年级，孩子在学习方面正处在一个特殊阶段——学习麻木期。即，孩子已经熟悉了学习和考试的每个环节，每天都在按照大致相同的“套路”学习，表现在学习过程中就是家长所说的，对待学习不慌不忙，不知道着急。

在这一特殊时期，大多数家庭都会出现这样一种滑稽的现象——“皇上不急，太监急”，即，孩子不知道着急，但家长却好像到了火烧眉毛的时刻。在这种情况下，很多家长都会采用这样的方法给孩子施压：经常在孩子耳旁唠叨小升初的重要性、把孩子锁在屋里强迫他们学习……

其实，家长这种过分给孩子施压的做法是不科学的。马上就要小升初了，孩子心里着急吗？当然着急，但由于他们对学习已经麻木了，即使心里再急，在学习上也不知该如何改变。这时，如果家长过分给孩子施压，他们着急的情绪就很容易演变得烦躁、焦急。在这种情况下，孩子很可能对自己的学习现状失望，从而出现自暴自弃的现象。

所以，在五六年级，家长最主要的任务就是帮孩子找回学习自信心，帮他顺利度过“麻木期”。

对此，一位有经验的家长分享了他的经验：

看着孩子每天按照“老套路”几乎一成不变地学习，我总会有意地在他的学习过程加点儿“作料”。例如，我会找一些有难度的数学题跟他一起做，我们比赛，看看谁能先把这些难题攻克。当然，大多数情况下，我都会有意成为他的“手下败将”。

又如，我会真诚地向孩子请教一些历史、地理方面的知识，等他准备一段时间后讲给我听，让他过过“博学多才”的瘾。

就这样，当别的孩子越学越麻木的时候，我家孩子对待学习仍然充满激情。更重要的是，因为在学习过程中总能品尝到“作料”所带来的成就感，他对学习也越来越有信心了。

针对五六年级学习的“麻木期”，家长应该有意识地给孩子的学习添加些“作料”。这时，只有让孩子品尝到更多成功的滋味，他才能对今后的小升初更有信心。所以，家长们不妨借鉴上述案例中那位家长的做法，用甘愿做孩子“手下败将”的做法、真诚地向孩子请教的做法，让孩子体会到学习的成就感，使他们对自己的学习能力充满信心。

6 了解自己与孩子的关系

一说起自己与孩子的关系，很多家长都会不以为然地告诉我："还能是什么关系，父（母）子（女）关系呗！"

的确，一说起关系，家长们首先想到的就是血缘上的这种亲子关系，很少有人想到这一点：自己在与孩子相处的时候，把孩子放到了一个怎样的位置？自己是如何对待孩子的？是否给予了孩子足够的尊重？

而这一点，才是家长们真正该注意、该思考的问题。

每当听到我这样说，也有一些家长会表示不解："我们只要做好父母该做的事情就好，了解这些有什么用呢？"

要我说，了解这些的用处可大了。你若是不知道，你和孩子之间到底是怎样的关系，就不可能了解孩子内心真实的想法，不可能成为一个称职的家长。

我到一位学生家做家访时所看到的一幕，或许能给大家以警示：

我正和家长说着话的时候，孩子从书房里走了出来。

一看孩子没有按照自己的意愿在书房里学习，家长眉头皱了皱，对着孩子不耐烦地一阵呵斥："跟你说了多少遍了，没写完作业不准出来，你把我的话当耳旁风是不是？"

孩子不高兴地瞥了家长一眼，似乎有话想说，但碍于我在场，强忍着没说，脸色却不大好看，闷闷不乐地转身又回到了书房，在走进书房的那一刻，我听到他嘟囔道："做什么都要管，真是烦人！"

望着孩子有些落寞的背影，再看看家长一脸余怒未消的样子，我不禁为孩子今后的成长担心起来。如果家长总是将孩子看成是自己的私有财产，强迫孩子必须按照自己的意志来行事，孩子今后的发展状况会怎样？

或许在孩子小的时候，他没有能力反抗家长，会服从家长的意志，但是随着孩子渐渐长大，随着他的叛逆心理越来越强，长期在家长威压下形成的不满情绪一旦爆发，就可能造成无法收场的局面。而造成这样后果的原因，就是家长没有提前了解自己和孩子之间的关系是怎样的，没有尝试过改变自己对待孩子的错误态度。

如果家长已经意识到了了解自己与孩子之间关系的重要性，那么从现在开始就好好问一问自己：我与孩子之间到底是何种关系？

从教多年，我曾教过很多孩子，也接触过不少家长，在与他们接触的过程中，我将亲子关系大致归纳成这样几种：

（一）财产拥有型。

这一类家长将孩子视为自己的私有财产，自己可以对其任意支配。父母对孩子有绝对的权威，可以凭自己的意愿和情绪对待孩子，如批评、指责孩子，指挥、命令孩子。他们的一个顽固的观点是：孩子是我的，我有随意对待孩子的权利。父母不考虑孩子的思想，不考虑孩子的情感，孩子的任何反抗都会使他们产生强烈的愤怒行为，孩子所要做的只能是服从。在这种关系中，孩子失去了独立和个性，成为被动服从的机器。就比如前面提到的例子。

（二）反向型。

正常的亲子关系中，父母处于主导地位，是这种关系的支配者，决定着这种关系发展的方向。但是，反向型的亲子关系则相反，在这种关系中，孩子处于支配地位，父母处于从属地位，几乎是孩子说什么，父母都会无条件满足，一切都由孩子说了算，孩子成了名副其实的“小皇帝”“小霸王”。

（三）冲突型。

在这种亲子关系中，亲子双方经常会因为某些事情不能达成一致而产生冲突。父母攻击孩子，孩子反击父母。这种攻击主要表现在以下方面：

身体攻击：父母体罚孩子，孩子攻击父母；

言语攻击：父母用刺激性词语责骂孩子，孩子也用同样的方式对待父母；

心理攻击：父母用冷落、讽刺以及心理折磨等方式对待孩子，孩子则对父母表现出很明显的逆反行为，通过自己的行为来激怒父母，甚至通过犯罪等方式来报复父母等。

（四）和谐型。

当然，在所有的亲子关系当中，还有这样一种理想的类型：和谐型。

父母在孩子的面前有一定的权威性，同时孩子也有较充分的发言权。父母凡是要做出与孩子有关的决定，都征求孩子的意见。对很多问题，孩子可以提出自己的看法，也可以对父母的某些做法提出不同意见。父母和孩子的关系基本平等，既有父母子女亲情，又有朋友之间的友谊。

亲子关系的好坏对孩子的成长影响很大。学者郝林的研究指出：不良的亲子关系会使孩子形成消极、回避的行为，严重者会患孤独症。

教育界一些学者在对一些学生家庭的调查研究中也发现，不良的亲子关系会使孩子形成扭曲的心理状态和个性特征，孩子往往通过许多方式回避家庭，如撒谎、与父母敌对等。相反，良性的亲子关系则是孩子心理健康的重要条件。

因此，家长在了解了自己与孩子到底是何种关系之后，尝试着去改变现在的状态，逐步形成良性的亲子关系，对孩子的成长来说就显得至关重要。

如何改变那些不良的亲子关系呢？

◎方法一：财产拥有型——赋予孩子一定的自主权

在与一些财产拥有型的家长谈到孩子的教育问题时，我曾这样问他们：“如果家长长期把孩子当成自己的私有财产，总是要求孩子按照自己的意志去做，会产生什么样的后果呢?”

面对我的问题，有很大一部分家长觉得迷茫：“让孩子按照我们的意志做，完全是为了他好，难道有什么不妥吗?”

的确，很多把孩子当成自己附属物的家长都会持有这样的论调：我所做的一切，都是为了孩子好，所以，孩子就要按照我的意志来，如果孩子不听话，我就会生气，就得斥责他!

可是，家长在这样做的时候，有没有想过这样对待孩子的后果呢？孩子是一个独立的个体，也有自己的思想和意志，家长总是强制性地将自己的意志加诸于孩子的身上，就可能造成这样两种结局：

其一，孩子失去自己的想法，变得毫无主见，什么事情都要靠家长安排；

其二，在家长这种长期威压之下，孩子的心理就会被扭曲，等他渐渐长大之后，会变得叛逆、孤僻、暴躁、不合作。

看看吧！无论哪一种结局，对孩子的成长都是不利的。所以，如果你是一个财产拥有型的家长，从现在开始转变自己对待孩子的态度，积极营造良性的亲子关系，就是你在当下最该做的。

具体来说，财产拥有型的家长在改善亲子关系的过程中，该怎么做呢？答案是，对孩子适度放权，给孩子一定的自由。

我身边就有一位家长是这样做的：

和很多家长不同，我从来不会把孩子当成自己的附属物，也从来不会强制孩子完全按照我的意思去做事。相反，在家里，我会给孩子充分的自由，让他自己去决定一些事情，让他对自己的事情做出安排。

比如说，放学之后的时间怎么利用，每周必须做好哪几件事情，自己房间的东西如何放置，等等。因为在日常生活中，我给予了孩子足够的成长空间，我的孩子在同龄人中显得成熟得多，既独立又有主见。

瞧一瞧，这就是让孩子自己“飞”与家长“牵着”孩子“飞”的区别。孩子自己“飞”固然有找不到方向的可能，但在迷茫之后，完全有可能重新起航；但若是家长一直“牵着”孩子“飞”，那么孩子就很可能在家长的牵引下变得被动消极，甚至是完全丧失“飞翔”的能力。

家长们若是明白了这些，在日常与孩子相处的过程中，就要懂得对孩子放手，并切实赋予孩子一定的自主权利。

◎ 方法二：反向型——家长要树立自己的权威

同第一种情况相反，这种类型的家长在与孩子相处时，完全处于被动状态，换句话说，就是被孩子牵着鼻子走。比如：

孩子看到了最新流行的玩具，向家长要，家长二话不说，就会满足孩子；

孩子闹情绪，不想去上学，家长就会觉得孩子一次两次不上学没关系，纵容孩子；

孩子在饭桌上挑食，不吃这个不吃那个，家长就会赶紧问孩子想吃什么，再去给他做。

时时处处把孩子当成自己生活的重心，一切以孩子满意为宗旨，就是此类型家长普遍的特点。家长总是围着孩子转，就是对孩子负责，就是爱孩子吗？从生活中各种真实的事例来看，显然不是。

被家长捧在手心里的孩子，就像是温室里的树苗，没有经历任何挫折与风雨，也就难以长成参天大树，家长总是纵容孩子按照自己的意志来行事，就可能让这棵树苗长歪、长偏。

家长对孩子倾注了所有的爱、所有的关注，然而忽然有一天吃惊地发现：自己的孩子并没有因为自己对他的爱与呵护成长得更加优秀，反而有越来越不如别人的趋势，我们的心里会想到些什么呢？是否会因自己对孩子的放纵而后悔呢？

所以，家长朋友们，为了避免我们自食纵容孩子的恶果，从现在起，拿出家长的权威，不要再纵容孩子、由着孩子，不要再无原则地围着孩子转，相信，你的转变也会带给孩子转机。

对此，家长可以参照以下几点来尝试转变：

◆对孩子无理的要求要坚决拒绝；

◆孩子自己的事情，让他自己动手去做，家长不要包办；

◆当孩子遇到问题，想要你来帮助的时候，先让他自己去尝试解决；

◆当孩子向你撒娇、耍性子时，不要轻易迁就他。

◎方法三：冲突型——改变你看问题的视角

“孩子为什么会跟家长对着干？”在一次家长会上我问在座的家长。

很多家长给我这样的回答：

“孩子不懂事，不知道家长为他好，不听话！”

“孩子还小，不知道好歹，等他大一些应该就会好了！”

“孩子太调皮，我看他就是欠收拾！”

……

听着家长们各自发表着自己的高见，我又问了家长们一个问题：“难道说，错全部在孩子身上吗？”

我的话一说完，很多家长沉默了，他们有的若有所思，有的则露出了一丝惭愧的神色。看着家长们的这些表现，我心里也清楚了他们的答案。

的确，在很多家庭中，亲子关系往往是不平等的。家长总莫名地有一种优越感，觉得自己比孩子强势，与孩子相处时就会生出一种居高临下的感觉，如果和孩子发生了冲突，认为错的一定就是孩子。

可事实上，孩子并不是任家长揉捏的泥娃娃，他们也有自己的喜怒哀乐，也有自己对是非曲直的判断标准。家长若总是从自己的角度出发去看待孩子，就会对孩子的诸多行为看不惯。

没有谁一直都是对的，也没有谁一直都是错的。在家长与孩子相处的时候也是这样，家长不一定每次都是对的，如果仗着自己的家长身份就对孩子蛮横干预，那么孩子会不服气，会和家长顶牛，也就没什么可意外的了。

所以，如果在你与孩子相处时，经常爆发“冷战”或者“战火纷飞”，那么是时候改变一下你的观点了——不要总是站在自己的角度来思考问题。

一位尝试过这个方法的家长这样感慨：

偶然的一次机会，我有幸听了一位资深教育专家的讲座，其中有一点给了我极大的启发：孩子虽小，也需要家长的尊重。听完这句话，我想到了很多：是啊，在我斥责孩子不听话的时候，我可曾想过孩子为什么非要去做那些事情呢？我可曾尊重过他的想法？

经过很长一段时间的深思，在与儿子相处的时候，我开始有意识地让自己多站在孩子的角度去思考问题，让自己多考虑一下孩子的想法……从我这么做之后，我对儿子的行为渐渐有了更深入的认识。比如说，儿子想要出去玩一会儿，是因为他学习累了，想要放松一下；儿子早上起得迟了，是因为晚上没有定闹钟，等等。站在孩子的角度思考问题，我对孩子不再横眉立目，孩子也渐渐消除了对我的敌意。我和儿子又恢复了以前那种其乐融融的亲子氛围。

的确，孩子虽然小，也有自己的想法和意愿，如果家长总是把自己的意愿强加在孩子身上，显然是非常不明智的。但是，如果家长能够换一种方式：站在孩子的角度思考问题，或许，你再看待孩子的言行时，就不会总是挑剔指责了。

当然，我们也不排除孩子身上真有不对的时候，这时就需要家长耐心地对孩子进行纠正了。

第二章

好老师难遇，好父母并不难做

引语

不是每个孩子都能碰到合适的老师，也不是每个孩子在学校里都能学得开心。如果孩子没有碰到一位好老师，那孩子的学习情况会怎样？我想，答案你应该比我更清楚。

那么，假使我们的孩子未能碰到合适的老师，难道我们就眼睁睁地看着他走向平庸吗？家长朋友们一定会异口同声地回答：不能！

是的，没有一位家长愿意看着自己的孩子走向平庸，也没有一位家长愿意看着自己的孩子因为不适应老师而沦为差生。

既然不愿意，家长又该怎么做呢？

好老师难遇，好父母却并不难做。只要我们在家庭生活中注意这样几点，你的孩子完全有走向优秀的可能。

◆为孩子营造和谐的家庭氛围；

◆关注孩子的情绪；

◆给孩子更多锻炼的机会；

◆让孩子快乐比什么都重要；

◆妥善处理孩子身上出现的问题；

◆对孩子的事情千万不能纵容和包办；

◆懂得一些让孩子和你亲近的技巧；

……

教育分为两部分，教和育。学校的工作主要是负责教，家庭的工作则侧重育。哪一方的工作做得不到位，孩子都很难优秀。这其中，又以家庭工作做得是否到位最为关键。

1 营造和谐的家庭氛围

我曾经教过这样一个孩子，他叫明明，上小学一年级的时候，明明的成绩一直都很不错，是班上有名的好学生。但是，到了二年级之后，我发现这个孩子的成绩出现了极大的起伏，脸上也经常挂着一丝忧郁。

二年级的学习任务与一年级相比并没有增加很多，这个孩子为什么会出现这样的状况呢?

为此，我到明明家做了一次家访。出乎我意料的是，接待我的不是明明的父母，而是明明的奶奶。

在和老人谈起孩子的学习情况时，老人摇着头叹了口气说："唉，明明是个好孩子，可惜生错了家庭。明明的爸妈整天吵架，闹得家里乌烟瘴气的。明明小的时候，他们还知道收敛收敛，现在是越来越不像话了。这不最近一段时间又闹腾着离婚，谁都不回这个家……明明虽小，可他心里什么事都明白，家都成这样了，他还能安心学下去吗?"

听完老人的话，再看看一旁低头不语的明明，我的心里也很不是滋味：就因为家长没有为孩子提供和谐的家庭氛围，本来可以优秀的孩子受到了如此大的影响。这对孩子的成长而言，是多么遗憾啊!

教学多年，像明明这样的例子我见过不少，每遇到这种情况，我都会为孩子今后的发展感到忧心。

正是因为不愿看到孩子因家庭不和而受到影响，在和很多家长接触时，我常常会不厌其烦地对家长提到这样一点：家庭教育中，为孩子营造一个和谐快乐的家庭氛围，比什么都重要。

◈ 方法一：夫妻之间应该是恩爱的

每个孩子都向往和睦、安宁的家庭环境。罗素在《婚姻革命》中说：“如果想让孩子长成一个快乐、大度、无畏的人，孩子就需要从周围的环境中得到温暖，而这种温暖只能来自父母的爱情。”

夫妻恩爱，孩子就会生活在温馨的家庭氛围中，得到关心和爱护，获得爱和尊重的体验，从而心情愉快，身心皆健。

我身边有很多这样的例子：

女孩小翠的父母都是大学教授，两人相敬如宾，从来不会当着孩子的面红脸、拌嘴，在这样的家庭氛围中成长，小翠身心都得到了健康发展；

男孩小轩的父母都是文学工作者，两人志同道合，展现给孩子的经常是平等交流与沟通的场景，小轩受父母的影响，也非常懂事、体贴。

……

父母是孩子的第一任老师，父母给孩子营造的家庭氛围是怎样的，孩子就会受到怎样的影响。家庭氛围和谐安宁，孩子就能感受到父母为其营造出来的温馨和美，进而变得积极乐观，在幸福的氛围中开心地学习，快乐地成长；家庭氛围是不和谐的，孩子就会在冷漠的家庭氛围中变得孤僻自闭，学习和生活都会出现极大的波动。

那么，家长该如何为孩子营造这种恩爱和谐的家庭氛围呢？

◆夫妻之间要相互尊重，遇事多以沟通为解决手段，而不是靠暴力和争吵。

◆如果双方有什么分歧，不要当着孩子的面争论。

◆即便双方关系紧张，也不要在孩子的面前表露出来。

◆经常带孩子一起出去玩一玩，让孩子体味到亲人之间亲密无间的感情。

◈ 方法二：家庭氛围应该是快乐的

我曾问过周围一些家长：“你的家庭氛围是快乐的吗？”

对这个问题，很多家长给出了这样的回答：

“整天工作忙都忙死了，回家就想一个人待会儿，哪里还有心思去理会家里的氛围是什么样的！不要有什么事再让我烦心就谢天谢地了！”

“看到孩子回家之后光知道玩儿，我肺都快被气炸了，就让他放下正在做的事儿，赶紧去学一会儿，很多时候也顾不上他是乐意还是不乐意了。”

的确，由于现代生活节奏快，在家庭生活中，家长往往只想着尽快让事情达到自己满意的结果，而忽略了快乐家庭氛围的营造。就像上面两位家长所说的那样：工作一天累了，回家之后想要好好休息一下，就会忽视孩子的心情；孩子没有按照家长的要求乖乖去做某事，家长就会强制性地把孩子手头正在做的事情打断。

然而，家长有没有想过，在我们贪图一时安乐和省事的时候，我们的孩子已经开始不开心了呢？

如果不信，你不妨回想一下日常生活中的一些画面：

孩子正看电视看得入迷，你走到电视机前粗暴地关掉了电视机，并严厉地让孩子去写作业；

孩子正在客厅里玩得欢，你走过去将孩子的玩具通通扔进了玩具箱，一脸严肃地让孩子去看书；

孩子周末想要和同学们一起出去玩儿，你却提前帮助孩子做好了周末的安排。

当这些场景在你的家里上演时，你可曾注意过孩子脸上是怎样的表情？是失望，是闷闷不乐！也许你注意过，只是不曾往心里去罢了。在你看来，孩子能够按照大人的意思去做某些事情就可以了，他们想些什么，家长无暇或不必去理会。

事实上，家长要真这么想，就大错特错了。也许孩子碍于家长的权威会去做家长吩咐的事情，但是，如果你留心观察过孩子做事时的表现的话，你的心里或许就轻松不起来了：

当孩子按照家长的要求去写作业时，半个小时能做完的作业，他两个小时都做不完；

当孩子按照家长的安排乖乖地去看书时，经常是一边看书一边摆弄书桌上的小物件，一副心不在焉的样子。

孩子为什么会出现这种情况呢？这跟孩子本身的逆反心理有很大关系。我们大人都有这样的经验：如果自己被别人强制去做某件事，心里往往就会有一种抵触情绪，进而不愿意配合。对孩子来说也是如此，家长强迫他去做某件事，他在心里就会产生一种抵触心理，就会故意与家长对着干。当孩子把家长安排给他的任务当成了一种负担，他还可能去好好做吗？只怕不会。

因此，在与很多家长接触时，我都会不断提醒家长：为孩子营造快乐的家庭氛围非常重要。

快乐的家庭氛围如何营造？不妨从以下几点入手：

◆不强制孩子按照自己的意思去做，尊重孩子的感受；

◆多抽出一点儿时间陪陪孩子，了解孩子的想法；

◆孩子的事情家长既要懂得“收”也要懂得“放”；

◆家长要与孩子站在同一高度，不要总是觉得自己“高高在上”。

2 关注孩子的情绪

孩子时常会有一些小病小痛，这时不一定非要去医院，家长帮他处理一下就行，这种情况下，家长扮演的是“家庭医生”的角色。

其实，从更全面的角度来讲，家长扮演“家庭医生”这个角色，不仅要医治孩子身体上的小病小痛，还要医治孩子心理上的问题，即，还要做孩子的“心理医生”。

听到“心理医生”这个名词，也许家长们会认为我在夸大其词。实际上，在小学阶段，孩子的确很容易出现心理问题，他们时刻都需要成人的引导和帮助。例如：

孩子有可能在学校与老师或同学产生误会或矛盾；

有可能遭到一些大孩子的恐吓或欺负；

有可能在学习上进入误区或钻进牛角尖；

……

家长们可千万不要忽视这些问题，它们一旦被忽视，就很容易演变成孩子的心理问题。我就曾接触过这样一个孩子：

这个孩子是个虎头虎脑的小男孩，已经上四年级了。但用他妈妈的话说：“这孩子很怪，如果我们不送，他就不去上学；如果我们不接，他就不回家。”

怎么会有这种怪毛病呢？

通过与这个孩子的深入接触，我终于了解到，他之所以不敢自己去上学，不敢自己回家，是因为他在刚上小学时遭到过大孩子的恐吓。因此，直到现在他都不敢主动与比他大的孩子接触。

在学校遭到大孩子的欺负和恐吓，是很多小学阶段的孩子都会遇到的问题。但如果家长能够及时地发现这一问题，并对孩子做出科学的引导，不但不会演变成孩子的心理问题，还能转变成孩子成长的一次好机会，比如学会勇敢、坚决地对那些不合理的事情说“不”。

但令人遗憾的是，在现实生活中，大多数家长都持有这样一种心理：“孩子上学了，在学校的事老师都全权负责了，我们就不用再操心了。”

作为老师，我要告诉家长们的是，事实绝不是这样的。理由有以下两点：

首先，遇到问题，大多数孩子都不会找老师。在小学阶段，孩子正处在“权威崇拜”阶段，但在崇拜老师的同时，却有不少孩子对老师怀有畏惧心理，他们害怕老师提问、害怕老师批评……总之，在学校受了委屈、挨了批评，他们最先想到的是向家长倾诉，而不是告诉老师。所以，家长才是最有机会了解孩子，并为孩子解决问题的最佳人选。

其次，即便孩子会跟老师说心里话，每个班级至少有二三十个孩子，任何一位老师都没有足够的精力顾及到每一个孩子。所以，及时发现孩子的心理问题，并为孩子解决问题，这一重任仍然在家长肩上。

曾有很多家长问我：“我们对心理学知之甚少，如何做孩子的心理医生呢？”

其实，做孩子的心理医生，家长没有必要懂太多的心理学知识，在多年的教学研究过程中，我总结出这样一个规律：**关注孩子的情绪变化，适时采取相应的对策，你就能做好孩子的心理医生。**

◎ 方法一：勤沟通——打开孩子的“话匣子”

“勤沟通”是家长发现孩子心理问题的最主要渠道。

但是一提到“沟通”，很多家长就会非常苦恼地对我说：“我问一句他应一句，这哪里是沟通呀，简直就是审讯！”

其实，家长与孩子之间的沟通之所以会变成“审讯”，根本原因是家长不懂得与孩子沟通的技巧。一个小学中年级的孩子这样在日记里表露自己的心声：

妈妈每天只跟我说三句话：

“快点儿起床，快点儿吃早餐，要迟到了！”

“在学校要好好学习，听老师的话，别捣乱！”

“关掉电视，快去写作业！”

……

因此，每听到妈妈说类似的话时，我就觉得很烦，就只用“嗯”“知道了”等简单的语言来回应她。

是的，在生活中，大多数家长与孩子沟通的内容仅限于这样两个方面：一，催促孩子做某事，如洗漱、吃饭等；二，学习，如告诫孩子听老师的话、催促他们写作业等。

随着年龄的增长，小学阶段的孩子越来越明显地表现出自己的喜好。在学校学习了一天，如果回到家后家长还总是提与学习有关的话题，孩子就会产生强烈的反感情绪；如果家长一开口就催促孩子去做某事，那孩子肯定与家长一聊天就头痛……在这种情况下，孩子除了会用“嗯”“知道了”等简单的话语来应付家长之外，还常常会拒绝与家长沟通。长此以往，即使孩子的心理问题已经病入膏肓，家长也不易发现。

所以，与小学阶段的孩子沟通，打开他们的“话匣子”是关键。如何打开孩子的“话匣子”？大多数家长都是想知道什么就问孩子什么，但有一个聪明的家长却独辟蹊径——孩子喜欢什么、对什么感兴趣，他问什么。以下是他的经验分享：

平时跟孩子聊天时，我很少提有关学习的话题，而是尽量找他感兴趣的话题聊。例如，“听说你们班的同学都喜欢新来的那位美女老师？”“最近QQ游戏成了你们的最爱了？”……

成绩公布之后，大多数家长都会问孩子：“考得怎么样呀？在班上排第几名呀？”我却从不这样问孩子，而是找孩子感兴趣的话题问：“听说这次数学考试有道压轴题，你们班有90%的孩子都对它束手无策？”

……

就这样，我总能顺利地把孩子的话匣子打开，因此，我与孩子之间的沟通一直都很顺畅，我对孩子的情况也总是了如指掌。

在幼儿园阶段，大多数孩子还总是依赖家长，但到了小学阶段，孩子们的注意力开始从家长身上转移到同伴身上。这时，如果家长的话题总是引不起孩子的兴趣，那孩子就会在心里把家长与自己归为两类不同的人，我们常说的“代沟”就是这样形成的。

所以，家长时常寻找孩子感兴趣的话题与他们沟通，既能防止“代沟”的产生，又能把孩子的“话匣子”打开，从而对孩子的心理动向做到心中有数。

◎ 方法二：认同孩子的情绪

与小学阶段的孩子沟通有非常大的一个难点，那就是他们听不进家长的话。就像一位家长所讲述的：“不论你说什么，他都不为所动，仍然我行我素，我真怀疑自己是在对牛弹琴。”

与孩子的沟通之所以会出现“对牛弹琴”的结果，是因为家长已经进入了沟通的误区，或者说家长根本不懂得运用沟通的技巧。说到这里，我想问家长这样一个问题，当你正在生气时，如果有人劝你说：“你不应该生气，你的这种情绪有些莫名其妙。”你会被他说服吗？

相信家长们都会回答我：“当然不会，我不但不会被他说服，而且会更生气，甚至还会怨恨这个想说服我的人。”

是的，这就是沟通学中非常重要的一个理论——想说服别人，就要首先认同别人的情绪，否则你只会吃“闭门羹”。

我的一位同事就非常善于运用这个沟通技巧。

一次，两个孩子因为抢占课桌的“领地”发生了矛盾。作为老师，同事没有急于为他们判定谁对谁错，而是分别对他们说：“课桌这样小，你的同桌自己占了那么大的‘地盘’，这令你非常不舒服吧？”

令人意外的是，情绪得到老师的认同之后，这两个孩子竟然都发现并主动承认了自己的错误：

“老师，其实我做得也不对，我不该把整个身子都趴在课桌上写字！”

“老师，我也有错，我不该把所有的课本都摆在书桌上！”

凭借这种方式，矛盾到了这位老师面前总能迎刃而解。

其实，只要掌握了这一沟通技巧，家长就不会感觉与孩子沟通是在“对牛弹琴”了。例如，当孩子委屈地对你说：“今天上课时我一直举手，可老师就是不让我回答问题。”这时，你不应该训斥孩子说：“谁让你平时不听老师的话了！”而是应该认同孩子的情绪，“是啊，一直举着手却不能回答问题，你的心里一定不好受吧！”当孩子的情绪得到一定的抚慰之后，你再耐心地引导他：**“以后要听老师的话，对老师多些尊重，他就会慢慢喜欢上你了！”**

这样，孩子不但会把家长的话听到心里去，还会把这些话当成金玉良言。

◈ 方法三：善观察

除了“勤沟通”之外，要想把握孩子的心理变化，家长还要善于“观察”。

在多年的教学过程中，我总结出这样一个规律：孩子的心理问题总会通过一些异常的行为表现出来。一般来讲，在小学阶段，当孩子表现出这些异常行为时，说明孩子不是被心理问题所困扰，就是遇到了自己难以解决的事情。如：

◆学习成绩突然大幅度下降；

◆对以前热衷的事情提不起兴趣和热情；

◆放学后总是把自己关在屋子里；

◆很多事情还没有去尝试就断言自己不行；

……

这时就需要家长用心解读孩子的行为，及时发现问题，并协助他们解决问题。

3 容忍孩子的不优秀

三年级一次期末考试之后，我接到了一位家长的电话，在电话里这位家长气急败坏地向我抱怨："老师，你说我家孩子是怎么学的，每次都考得这么差，我真是快要被他气死了！"

听着家长在电话那头喋喋不休地抱怨孩子不知道上进，不知道用功，我却不知道该说点儿什么。

的确，孩子是每个家庭的希望，几乎每一位家长都对孩子倾注了大量的心血：或者为孩子选择重点学校就读，或者帮助孩子报这样那样的辅导班，或者给孩子请家教，或者隔三岔五给孩子上上"政治课"……然而，让家长感到失望的是，尽管家长为了孩子如此劳神费力，孩子的表现却并没有像家长期望的那样优秀。

面对孩子的坏成绩，面对孩子不时犯下的错误，家长常常会觉得孩子给自己丢脸了、不争气，指责、斥骂的话语也就劈头盖脸地落到了孩子身上，我们可以想象一下，孩子在面对家长的抱怨时，他的心里又会想些什么呢？

我刚刚做老师时的一段经历或许能给各位家长一些启发：

一开始做老师，我以为小学的孩子还小，很好教，只要平时对他们严厉一些，让他们乖乖听话，基本都能学好，不会出现什么大的错误。然而，让我想不到的是，我越是强调不要犯错，孩子们犯错的频率就越高。

看着孩子们惨不忍睹的成绩，以及他们那些屡教不改的毛病，我是既生气又不解：孩子们为什么会出现这样的情况？

带着疑问，我将班上那几个考试成绩不太理想的学生叫到了办公室，尽量用平和的态度去和这些孩子交流。结果，我从孩子们的口中听到了这样的话：

“老师，我也想考好啊，但越想考好我心里越是紧张，越是紧张就越考不好……”

“老师，你知道吗？每次考试对我来说都是煎熬，考不好，回家要挨家长的骂，在学校要挨老师的批，当学生一点儿都不好！”

“老师，我也想成为你眼里的好学生，但是我不知道该怎么做啊！”

听着孩子们的话，我猛然意识到，这些小学阶段的孩子并不是一无所知的，他们也有自己的思想，也有自己的心理需求，更重要的是，他们的心里也有压力。我之前认为小学教师很好当的看法实际上是进入了教育的误区。

在我们成人看来，小学阶段的学习没什么难度，孩子轻轻松松就能学好，轻轻松松就能取得好成绩。如果学不好，不能取得好成绩，原因没有别的，就在于孩子不知道努力，没有自觉性，给他来点儿高压政策，严厉对待他们，他们就能学好了。

但事实真的是这样吗？以我多年的教学经验来看，小学阶段的学习对孩子来说，并不像成人想象的那样，是“小菜一碟”，其实他们在学习时常常会遇到这样那样的状况。

比如，孩子本身爱玩的天性与必须遵守纪律之间的矛盾。小学阶段的孩子正处在最爱玩的年龄，但进入小学之后，他们的玩耍欲望受到了限制：在学校要遵守课堂纪律；放学后要复习白天所学的内容、要写作业……然而，由于自控能力还很有限，他们常常会陷于玩耍与遵守纪律的矛盾之中：想玩儿，但玩得不痛快；想遵守纪律，但又控制不住自己的玩耍欲望。因此，他们时而自责、时而烦躁……久而久之，这一矛盾就成了他们的一大压力。

比如，学不好所带来的压力。进入小学阶段，每个孩子的自尊意识进一步增强，他们希望自己能够把老师所教的知识都学会、希望自己能够考出好成绩，但有的孩子学习能力有限，结果常常是事与愿违：老师提问，他们回答不出；越是想要学好，反而越不知道从哪里下手……因此，他们有学习的欲望，但由于种种原因却总学不好，这也就成了小学阶段孩子的又一大心理压力。

正是因为这些心理压力的存在，小学阶段的孩子才更需要成人的包容、鼓励、帮助和引导。

◇ 方法一：用欣赏的眼光看待孩子

我曾对学校近五百名学生做过一个调查，在“你最喜欢家长说的话”一栏里，写下给你感触最深的几句。调查结果显示排在前几位的是：“有进步，值得表扬”“你真棒（真聪明）”“没关系，下次再努力”“你是我的骄傲，能做你的父亲（母亲）是我最大的快乐”。

在“你最希望家长说的话”一栏里，排在前几位的是：“你是一个好孩子”“我们为你骄傲”“孩子，你是最棒的”。

面对父母的欣赏，孩子的心理感受是“非常高兴”“妈妈（爸爸）是我最可信赖的人，我不能让他失望”。

在“你最害怕家长说的话”一栏里，排在前几位的是：“我要是你，就一头撞死”“真笨（蠢）”“给你去开家长会，我都嫌丢人”“不知道考 100 分是不是你抄的”。

面对父母的责骂，孩子的心理感受是“希望爸爸（妈妈）能理解我”“怕父母，不敢（愿）接近他们”“恨父母，不喜欢他们做我的父母，看谁好做谁的父母去啊！”“听到父母的话，我会自卑”。

同样，我也曾在家长中进行过一次随机调查，当我问：“你爱自己的孩子吗？”90% 以上的家长回答“是”；当我转而对他们的孩子提出：“你体会到家长对你的爱了吗？”孩子们中回答“体会到了”的仅占 10%。

这样两组鲜明的对比，有没有让家长们意识到什么呢？为什么你自诩爱孩子，而孩子却丝毫察觉不到你的爱呢？这是因为你的教育方式出了问题。我们可以想一想，如果一个人整天都在指责你，你会认为这个人是爱你的吗？恐怕不可能吧。

正是因为如此，家长在对待孩子这个问题上，应该少一些责骂，多一些赏识。只有你对孩子拿出足够的赏识，孩子才可能会一身轻松地投入到学习当中去；如果你对孩子总是指责和挑剔，孩子就会在你挑剔的眼光之下变得越来越自卑。

在我的教学过程中，就遇到过这样一个男孩：

小郑是个转学生，刚刚转学过来的时候，非常不安分，经常在班上调皮捣蛋。有时候我正在上课，他会把桌椅弄出一些声音来，扰乱课堂秩序；有时候会在同学课桌上放口香糖；有时候还会跟别人打架。面对这个让很多老师头痛的“调皮大王”，我并没有嫌弃他、责骂他，而是耐心寻找症结所在。

原来，小郑的父母长年在外地经商，孩子没有人管，缺少家庭温暖的小郑，便想用这种方式来引起别人的注意。知道了这些，在平时上课时，我对小郑也就给予了更多的关注，提问的时候也经常会向他投去鼓励的目光。小郑的作文写得好，我就经常在班上夸他；他犯了错误，我也不当着全班同学的面儿批评他，而是在课下和蔼地跟他谈……这样过了一个多月，小郑渐渐变了，以前那个上课总是给我制造麻烦的男孩，现在经常会跑到办公室主动帮着我干点儿这个干点儿那个，彻底摆脱了“调皮大王”的称号。

家长在对待自己的孩子时，不妨也尝试一下赏识教育的方式。或许你也会惊喜地发现，在你的夸奖之下，孩子真的按照你的预期在慢慢变得优秀呢！

当然，家长在赏识自己的孩子、夸奖自己的孩子时还要避免走进这样三个误区：

（1）言语失真，让孩子产生家长的话不可信之感。

（2）夸奖侧重孩子的聪明才智，而不是孩子的努力。

（3）夸奖孩子一次、两次后，见孩子进步不大便失去耐心，再次对孩子进行指责。

这三点很好理解。首先，如果我们在夸奖孩子的时候，言语夸张，孩子就会对家长的话产生怀疑，觉得家长的夸奖不是出自真心，孩子内心的自信之火就点不起来；其次，如果家长在夸奖孩子的时候总是侧重他的聪明才智，孩子可能就会产生这样的想法，“反正我这么聪明，学不学又有什么关系”，进而生出骄傲自满情绪，更不利于他的成长；最后，不能坚持赏识孩子，这也是对孩子进行赏识教育时最大的禁忌。一次夸奖不见成效，并不能说明孩子不努力，如果因为孩子进步的程度没有达到家长的标准，家长就失去对孩子赏识的耐心，那么孩子回报给你的也将是“故态复萌”。

◎方法二：帮助孩子找出改正的方法

曾经看过这样一个真实的故事，至今想来心中仍旧是堵得难受：

孙先生非常喜欢汽车，用近10年的积蓄买了一辆银白色的汽车，并把它当成宝贝一样。一天，孙先生在院子里清洗他的宝贝汽车，屋子里的电话响了，他就回屋里接电话。这时，孙先生7岁的儿子从学校回来看到了爸爸的汽车，小脑袋里突然产生了一个想法：把今天在学校学的画画到爸爸的汽车上，作为送给爸爸的礼物。于是，他拿起一块小砖块，在爸爸的汽车上认真地画了起来。当孙先生接完电话重新回到院子时，他心爱的汽车已经被儿子画得乱七八糟了。震怒之下，孙先生失去了理智，他拿起旁边的汽车拖把，狠狠地向儿子的右手砸去。

后来，儿子因伤势过重被送进了医院。儿子手术醒来之后，可怜巴巴地望着爸爸说：“我知道错了，我想把那幅画送给你作为礼物，我以后再也不在你的汽车上画画了！”这时，孙先生真是后悔莫及。

这个故事令人痛心，教训更是惨痛的。在孩子成长的过程中，犯下这样那样的错误，都是非常常见的事情。对自己不小心造成的破坏，孩子心里也会后悔和难过，甚至感到恐慌。这时候家长要做的不是批评和指责，而应该是宽容和安慰。批评和指责不仅于事无补，还可能造成孩子对父母感情的疏远，甚至可能造成孩子记恨父母，跟父母敌对的状况。

孩子还小，有一颗天真的童心，很多时候并不清楚自己哪些事情做得是对的，哪些事情是错的，或许他只是出于一种好奇、出于一种好心，却做出了让家长不能理解的事情，给家长造成了一些损失。对于孩子的这些行为，家长最该做的是让孩子通过这些事情吸取一些教训，知道哪些事情能做，哪些事情不能做，而不是让训斥和责骂给孩子的身心留下不可磨灭的伤害。

就像案例中孩子的行为本身是出于一个美好的愿望，只是在方式上出现了错误，而绝非恶意，但父亲盛怒之下对孩子造成了严重的伤害，是多么令人痛心的一件事。再贵重的物品都比不过孩子重要！

同样是应对孩子的乱涂乱画，一位妈妈为我们做出了榜样：

一天晚上，梁女士与老公都要加班，只好将8岁的女儿一个人留在家里。然而，等两个人回家之后发现，自家洁白的墙壁上被女儿涂得惨不忍睹，客厅最大的一块墙壁上还写着这样的字：“妈妈生日快乐！”

女儿看到父母回来了，兴奋地钻到妈妈怀里说：“妈妈，今天是你的生日，我在墙壁上画了画送给你，你看好看吗？”

梁女士看着女儿兴奋的小脸，听着孩子天真的话语，到嘴边的训斥话语咽了下去，转而和蔼地抱着女儿说：“宝贝儿，你画得很好，谢谢你。但是宝贝儿，你看这洁白的墙壁被你涂得五颜六色，就像是别人在你白净的小脸上写字，你会乐意吗？”

女孩若有所思地点头说：“我不乐意。”

梁女士笑着点点孩子的脑袋说：“所以，以后不要在墙上画画，如果你想要画画的话，就画在白纸上。”

女儿听着妈妈的话，有些不好意思地低下了头。

家长对孩子的错误宽容以待，并告诉他怎样做才是对的，才能让孩子愉快地接受父母的建议，才能让孩子清楚怎么做是对的，怎么做是错的，并避免下次犯类似的错误。

当孩子不小心损坏了家里的物品或家具时，父母不要对孩子发火，而应该给予他们宽容和安慰，告诉他们：“我知道你不是故意的，以后要注意哦！”

当孩子出于好意却做了坏事，造成比较大的损失时，父母不要暴跳如雷，甚至伤害孩子，而是应该告诉孩子：“谢谢你的好意，但是你的方法错了，结果让我们非常伤脑筋，以后应该这样……”

4 给孩子更多锻炼的机会

在我教过的孩子中，有这样一个男孩给我留下了极深的印象：

那是我刚刚做老师时，一次数学考试过后，小伟考得不理想，拿着自己的试卷，竟然委屈地哭了起来，任我怎么劝都不管用。

看着小伟这个样子，在苦劝无果之下，我只好由着他去。

随着与这个男孩接触得越来越多，我对这个男孩渐渐有了一些了解：遇到困难会哭、遭遇失败会哭、遇到自己不能解决的事情会哭，这些情况发生在他身上都是再平常不过的事情，这个男孩似乎比班上的一些女孩还要脆弱。

孩子的这种表现引起了我格外的重视：如果在小学这个性格、能力养成的关键期，孩子总是这个样子，怎么能拥有挑战未来的勇气，怎么可能优秀呢？

怀着这样的担忧，我拨通了小伟家长的电话，在和小伟的家长交流之后，我终于知道小伟为什么会如此脆弱了：

小伟是家里的独子，平时家人总是把他捧在手心里，小伟要什么，家人就给什么，在家庭生活中小伟一直都是顺风顺水，呼风唤雨，从来没尝试过失败的滋味。可是，随着小伟迈进了小学的校门，一切都变了，他不再是别人关注的焦点，不能再想怎么样就怎么样，从没有尝过被冷落滋味的小伟，心里承受不住这样的落差，便总觉得学校生活对他来说是一种折磨，一旦遇到点儿挫折、困难就会号啕大哭。

作为家长我们都知道，如果孩子性格脆弱经不起打击，那么，在人生的道路上是注定走不顺的。这样的情况，显然不是我们做家长的想要见到的。

既然如此，家长又该怎么做，才能塑造孩子坚强的性格，才能让孩子在面对困难和问题的时候勇敢起来，具备行走于未来的能力呢？

通过多年的教学实践，我认为家长只要能做到以下两点，就能赋予孩子自己应对问题的能力。

◎方法一：让孩子经历一些挫折

总是生长在温室里的花朵无法经受住风雨的打击；总是生活在羽翼之下的小鹰也注定不能翱翔在高远的天空。

在对孩子的培养上，也是如此，如果家长一直为孩子提供顺风顺水的环境，一直将孩子捧在手心里，一直为孩子提供保护伞，那么孩子就可能丧失独立生活的能力，在遇到一些挫折和挑战时变得茫然无措，甚至干脆就被困难和挫折打倒，再也站不起来。

生活当中，这样的例子并不少见：

男孩小辰在一次市级三好生评选中被刷了下来，受到了极大的打击，很长一段时间都闷闷不乐，学习和生活受到了极大的影响；

女孩小静在一次校园朗诵比赛中痛失冠军，比赛结束后，小静跟谁都不再说话，此后学校里再有类似的活动，小静也不肯参加了。

对此家长不必感到奇怪，小学阶段的孩子身上会出现这样的情况是很正常的事情。小学阶段的孩子一方面心智发育还不够成熟，对问题的认识往往也只是停留在简单的“成”与“败”上面，认识不到“一次失败代表不了什么”，对待挫折与失败也不能有一个比较平和的心态；另一方面，这一阶段的孩子已经具备了一定的自尊意识，很要面子，对于成败、得失看得往往比成人还要重。在这样的情况下，孩子很容易走进对问题认识的“死胡同”，做出一些家长不能理解的事情。

正是因为如此，家长在培养孩子的过程中，适时地为孩子制造一点儿挫折，帮助孩子正确地认识挫折和困难，为孩子提供一些锻炼抗挫折能力的机会，就显得非常有必要。

我身边的一位家长是这样做的：

当别的家长都把自己的孩子捧在手心里，对孩子的要求百依百顺时，我却没有这样做。相反，我有时候甚至还会故意给孩子制造一点儿麻烦。

比如说，孩子放假后，将孩子送回老家去体验生活，衣食住行全部让他自己解决，不准依赖任何人；孩子向我讨要某件东西时，我并不会立刻满足他，而是会缓上一段时间；孩子跟我一起出门，遇到了什么困难，我会让孩子和我一起想解决的办法，而不是充当孩子的“急先锋”……

虽然一开始，孩子对我的做法很不满，甚至还为此哭过鼻子，我却没有因此而动摇。这样坚持下来，我的孩子跟同龄人比起来心智要成熟很多，遇到了问题，也不会轻易妥协，而是会积极想办法。

的确，只有做家长的不娇惯孩子，有意识地培养孩子解决问题、抵抗挫折的能力，孩子才可能变得勇敢、坚强，更好地适应学习生活，为赢得美好的未来打下扎实的基础。

如果你还是感到迷茫，不知道从何处下手，可以参照一下例子中家长的做法：

◆利用假期时间给孩子寻找一些经历挫折的机会；

◆对孩子的一些要求不要即刻满足；

◆遇到问题，鼓励孩子自己想办法，而不是帮孩子解决。

◇方法二：培养孩子自我抉择的能力

每当我跟身边的家长提起要培养孩子的自我抉择能力时，总会有一些家长提出这样的质疑：“孩子还那么小，让他们自己去决断一些事情，出了问题怎么办?”

不能否认，家长的这些担心很有道理。然而，我还想要问问家长的是：如果你一直帮助孩子出谋划策，帮助孩子做决断，当你不在孩子身边的时候，孩子怎么办？

从教多年，这样的孩子我见的也不少。

要报特长班了，有些孩子能够非常明确地在报名表上填上自己想要学习的特长；而有的孩子却一直犹豫不决，没有人帮他拿主意就做不出决定。

假期要到了，有些孩子能够清楚地说出自己在假期里要做什么；有些孩子却一片茫然，没有家人的安排就会虚度整个假期；

……

正是在这些生活的点点滴滴中，孩子自我抉择能力不强的种种弊端显露无疑。一个没有自我抉择能力的孩子，在学习、生活中就会陷入一种等待别人或者依赖别人的怪圈，更谈不上拥有自己的主见，谈不上能够独立自主了。然而，有主见和独立自主，却是孩子今后能够坦然自若地面对学习、生活的必要条件。

正如意大利教育家蒙台梭利所说："教育首先要引导孩子走独立的道路，这是我们教育关键性的问题。"

那么对家长而言，如何培养孩子的自我抉择能力呢？

首先，让孩子自己做决定。没有一个人天生就具备极佳的自我抉择能力，很多人的抉择能力大多是在后天磨炼中养成的。然而，尽管我们明白这个道理，但在养育孩子的过程中却并没有为孩子制造后天磨炼的机会，有时反而把这种机会给剥夺了。比如，当孩子碰到了问题，不知道该怎么办，感到为难时，经常是孩子还没开口，家长已经"见机行事"，帮孩子把问题摆平了；当孩子为一件事情迟疑不决，不知道如何是好时，家长又是热心肠地站出来，帮孩子做出了决定与选择……久而久之，孩子就会渐渐习惯家长帮他解决问题，渐渐习惯依赖家长。

所以，家长懂得对孩子放权，让孩子自己做决定、做选择，是培养孩子抉择能力的前提。

其次，即使孩子的选择是错的，家长也不要全盘否定他。

和身边一些家长聊天时，有家长向我感慨：

我也想要培养孩子的抉择能力啊！看他整天像个小尾巴似的黏在我后面，我的心里也烦着呢，可是烦归烦，我还是不放心让他自己做决定。就他现阶段的能力，做出一个决定没准儿能把我气死。就拿上次的事情来说吧，我让他自己安排周末计划，这孩子可倒好，一上午的时间全部都用来看电视，一下午的时间全都用来玩儿，把学习抛到九霄云外去了……照孩子这个样儿，我怎么放心让他自己决定什么事情呢？

相信我们当中很多人也和这位家长一样，想对孩子放手，可一旦孩子做出的决定难以让我们感到满意，就会忍不住又插手孩子的事情。这种想放不敢放的心态，会让培养孩子自我抉择能力变成一件不容易的事情。

那么，究竟怎样做才正确？那就是即使孩子的决定错了，也不要全盘否定孩子，而要告诉他为什么错。

正如家长们所提到的那样，孩子还小，贪玩、感性是他这个时期明显的特征。因此孩子由着自己的性子做出某些决定，是很正常的事情。此时，家长所要做的不是立即就剥夺孩子自己做抉择的权利，而是要告诉他，他的决定有哪些不合理的地方，应该怎么做才是正确的。就拿孩子自己列学习计划这一项来说，如果孩子在计划上全部写的是如何玩耍，家长可以平心静气地问问他：你的作业打算什么时候写？功课打算什么时候复习？……逐步对孩子进行引导，已经具备一定思考能力的孩子，就能在家长循循善诱的引导下明白自己的那些决定为什么是不合理的，就会清楚下一次遇到相同的事情时该怎么做了。

5 如何让孩子爱上父母

前段时间我看到了这样一则新闻：

一个9岁的孩子上网成瘾，爸爸为了限制他上网，将网线撤掉了。为了能够重新连网，这个孩子开始在妈妈的面前说爸爸的不是，并鼓动妈妈跟爸爸离婚。让人哭笑不得的是，这位对孩子言听计从的妈妈，真的一纸诉状将孩子的爸爸送上了法庭，要求离婚……

这个例子带给我们的思考是深刻的。现实生活中，我们很多家长都跟例子中的这位父亲一样，为了孩子操心费力。然而，正如例子中的孩子一样，即便我们对孩子掏心掏肺，孩子却似乎并不领情。

问题出在了哪里呢？这就在于父母跟孩子的关系处得不够理想。

在教学过程中，我接触过很多孩子，他们提及自己的父母时，很明显地分成了这样两派：

一派学生在提起自己的父母时，往往是一脸厌烦："他们真是烦死了，一天到晚就知道在我耳边唠叨'学习''学习'!""我的父母什么都不懂，真丢人!"

一派学生在提到自己的父母时，常常是一脸自豪："我的父母是天下最好的父母，能和他们在一起真幸福!""我的父母很了解我、尊重我，从来不会强迫我!"

从这两派学生的言语中，我们能得出这样的结论：如果孩子在提到父母时，总是满嘴的抱怨与不满，那么，他们和父母之间的关系，也必定是不和睦、不理想的；相反，那些一提到父母就会满脸放光，对父母赞不绝口的孩子，也必定和父母的关系处得非常融洽。

多年的教学经验告诉我，孩子与父母的关系好还是不好，不仅会影响孩子的学习，还很有可能影响孩子的人生道路：

小威的父母对小威管教比较严，小威一回家就被要求做这做那，小威讨厌被控制的感觉，对父母的要求总是会极力反对。他慢慢开始逃避回家，和校外的一些社会少年混在了一起；

小郑学习成绩中等，每次回家都要面对父母喋喋不休的指责，厌倦了父母唠叨的小郑选择了离家出走；

……

孩子还小，对世界和人生还没有一个全面的认识，对外界不可预知的风险也没有一定的抵御能力。如果孩子因为和家长的关系处得不好，而走上了歪路，该是多么让人遗憾和痛心的一件事情啊！

不可否认，每一位家长都是爱孩子的，但爱孩子的方式若是不正确，孩子不仅感受不到我们的爱，还可能对我们的所作所为产生意见，从而影响亲子关系。

因此，家长和孩子相处的时候，一定要做到这样一点：呵护好亲子关系，让孩子明白你是爱他的。

如何让孩子体会到家长的爱？如何呵护好亲子关系呢？你可以尝试从这样几方面来做：

◇ 方法一：父母间多说对方的好话

拿我在本节一开始所提到的那个例子来说：假如孩子的妈妈在听了孩子对爸爸的抱怨之后，不是听信孩子的一面之词，而是多多在孩子耳边说一说爸爸的好话，结果会是什么样子呢？孩子还会不断地在妈妈面前说爸爸的坏话吗？我想这个可能性就很小了。

贪玩是小学阶段孩子的天性，对处在这一时期的那个男孩来说，并不能深刻认识到贪玩会给自己带来多大的弊端，也意识不到爸爸之所以制止他玩儿是为了他好。一心想要玩耍的孩子，遇到了“粗暴干涉”的爸爸，心里自然会生出怨气，对爸爸的做法感到不满。

这个时候，如果妈妈能够耐心地跟孩子解释一下爸爸这种行为的内涵，让孩子体会到爸爸所做的一切是因为爱他，孩子与爸爸之间的关系就不会变得那么糟糕了。

其实，让孩子爱上父母很简单。只要在日常生活中夫妻双方多说一说对方的好话，让孩子清楚父母是爱他的，就能起到很好的效果。

在我身边就有一对家长是这样做的，并且取得了不错的成效：

每天早上，妈妈会对孩子说："为了买你爱吃的蟹黄包，爸爸5点就起来到早点铺排队去了。"

每天晚上，爸爸会这样对孩子说："妈妈为了不影响你按时休息，吃完晚饭就一直在做家务，一会儿都没闲着，连口水都没来得及喝。"

在双方不断地向孩子灌输对方有多么在乎他，多么关心他的同时，孩子也就真切地感受到了父母对他的爱。的确，想让孩子爱上你很简单，做好细节，给孩子一些爱的感动，就能建立起其乐融融的亲子关系。

◆比如说，当孩子抱怨父母中的一方时，另一方要将孩子搂在怀里，告诉他："爸爸（妈妈）其实是爱你的！"

◆比如说，当孩子与父母中的一方发生了误会，另一方动情地告诉他："孩子，你这个样子爸爸（妈妈）会很伤心。"

孩子虽小，感情却很丰富，只要家长能够心平气和地去贴近孩子的心，孩子就能够充分感受到父母对他浓浓的爱。

◎方法二：一家人经常出去活动

在我身边，有很多和孩子相处融洽的家长，当问及有什么保持亲子关系和谐的"法宝"时，他们几乎都说到了这样一点：多带孩子出去逛逛。

不错，孩子爱玩儿，家长就满足一下孩子的天性，多带他出去逛逛。在家长和孩子亲密无间的接触中，发自内心的笑容，相互之间默契的配合，都有助于亲子关系的升温。

在我所教过的学生当中，有很大一部分学生，曾这样说起过与父母相处的点滴：

“我最难忘的事情，就是暑假的时候爸爸妈妈带我去海边玩儿，和爸爸妈妈一起在沙滩上追逐嬉戏，爸爸妈妈就像是我的朋友一样，跟着我疯、跟着我跳，那种感觉真得是妙极了！”

“我还记得和爸爸妈妈一起去爬山的场景，我在爸爸妈妈前面爬，爸爸妈妈在后面推着我的屁股……那座山不像是被我爬上去的，更像是爸爸妈妈把我给推上去的！”

……

在这些孩子说着发生在自己身上这些事儿时，我注意到他们的脸上都挂着幸福满足的笑容。

作为成人我们都有这样的经验：当我们和某个人玩得特别投机之后，我们和这个人的关系就会直线升温。其实，相似的道理应用到孩子身上也是百试不爽的，而且孩子与父母之间本就有一种牵扯不断的亲情做依托，如果家长再费些心思来经营与孩子之间的感情，孩子还会不爱你吗？

所以，如果你仍旧在为自己与孩子的关系处得不好而发愁，不妨试着带孩子出去逛逛。在逛的时候，不要提及你们之间任何的分歧与不快，和孩子敞开心扉一起玩儿，没准儿等你和孩子玩过几次之后，你们之间的关系也能达到一种无话不谈的境界呢。

6 给孩子快乐，比什么都重要

快乐就像是阳光，拥有快乐的孩子不仅能健康地成长，还能在学习、生活中具备很强的主动性。

在多年教学过程中，我也发现，那些总是洋溢着笑脸，对学习保持积极乐观态度的孩子，大多能够取得不错的成绩；相反，那些总是觉得自己不快乐、不开心的孩子往往做什么都提不起兴趣，也难以在各方面取得好成绩。

谁能直接影响孩子的心情？谁能直接决定孩子快乐还是不快乐呢？答案是家长。

家长或许会感到疑惑甚至迷茫：“我们能直接决定孩子快乐还是不快乐？”

在家庭生活中，家长们或许对这样的场景并不陌生：

孩子拿着并不理想的成绩单回家，家长看到成绩单之后大为不悦，对着孩子就是一顿呵斥，孩子的脸上马上阴云密布；

孩子拿着并不理想的成绩单回家，家长看到成绩单之后轻轻抱一抱孩子说：“我知道，考不好你也很难过，爸爸（妈妈）理解你，下次努力！”孩子脸上的阴云立刻消散很多；

……

看看，这就是家长的一举一动、一言一行对孩子所产生的显著影响。小学阶段的孩子，就是会因为你的一句斥责或者一句夸赞变得或悲或喜。

然而现实却是，很多家长在面对孩子身上那些不能让自己满意的方面时，常常会忍不住对孩子一顿呵斥。家长这样做的时候，或许觉得自己的气撒出去了，心里会舒服一些，但是，当你这么做的时候可曾想过，被家长当成“出气筒”的孩子，在遭受了家长责备之后心里是怎么想的呢？

让我们来听一听，孩子们是怎么想的吧：

“我也知道要好好学习啊，可我就是管不住自己，很想去玩一会儿，爸爸（妈妈）不仅不能理解我的心情，还一个劲儿地要求我去学习，我都要被他们烦死了！”

“爸爸总是跟我说，晚上玩游戏不能超过个半小时，可是他自己在网上跟别人聊天就经常聊到很晚，他都管不住自己，凭什么管我啊！”

“爸爸（妈妈）整天只知道盯着我的成绩，一点儿都不关心我过得快乐不快乐！”

……

听了孩子们的心声，作为家长，我们是不是该反省一下呢？如果家长的行为总是让孩子感到厌烦、感到苦恼、感到不服气，那么你在孩子心目中的“权威”形象就会大打折扣，你想要孩子按照你的要求去做事，也就不是那么容易的事情。

正是因为如此，让孩子拥有快乐就是保证他们在学习过程中不会产生一些消极情绪的基本条件。

如何让孩子拥有快乐呢？家长可以试试这样两个方法。

◎ 方法一：不要把孩子固定在书桌旁

在前面我曾多次提到过这样一点：爱玩是孩子的天性。长时间把孩子固定在书桌旁，不仅不能让孩子的学习效率有所提升，反而会导致孩子在长时间看书、学习的过程中因为自制力有限出现走神、开小差的现象，导致学习效率更为低下。

对此，很多家长可能也深有体会：

“孩子放学后，我们若是一味催着他去学习，他反而会更加磨磨蹭蹭。”

“我们费心费力给孩子买了很多的教辅书，但孩子却常常将这些资料束之高阁。”

……

家长的期望与孩子的行为之间出现这么大的反差，原因何在呢？我认为，就在于家长常常以一种管理者的姿态来对孩子发号施令，这就剥夺了孩子的自由，让孩子觉得拘束、不舒服。

从这个角度出发，赋予孩子一定的自主权，不要把孩子固定在书桌旁，也就成了让孩子快乐学习的非常好的一个方法。

一位妈妈曾向我讲述：

自从孩子上学之后，我总结出了这样一种提高孩子学习效率的技巧，即，放学后让他先玩儿后学习。

当然，这个技巧是我经过试验得出的：孩子放学回家之后，如果我马上催促他去写作业，那他要花 3 个小时才能把作业写完；但如果我让他先看会儿动画片或先玩会儿游戏，那他在 1 个小时之内就能把作业完成。

为什么先玩儿后学习反而有利于孩子提高写作业的效率呢？

秘诀就在“自由”上面。孩子放学回家之后，如果家长马上就催促他去写作业，那孩子就会产生被控制、被束缚的感觉，在这种感觉的影响下，他就很可能磨磨蹭蹭、消极怠工；但如果家长允许他先玩一会儿，或者让他自己决定写作业的时间，他享受到了自由后，学习的积极性和主动性自然就会提高。

当然，家长在这样做的时候还需要注意一点，跟孩子提前商量好玩儿的时间，以防止孩子玩起来没完没了，造成没有时间学习的情况出现。

在和孩子商量的时候，家长要注意三点：

首先，不能全部由自己说了算，要听一听孩子的想法；

其次，不能全部由着孩子来，要给孩子合理的建议；

最后，家长要注意自己的态度，要把孩子当成与自己平等的人，而不是可以任由自己指挥的附属物。

◈ 方法二：培养孩子的多种爱好

我曾问过班上一些孩子这样一个问题："你们的课余时间都是怎么过的？"

没想到我的话音刚落，孩子们的抱怨声就已经此起彼伏了：

"被爸爸妈妈安排去上补习班了！"

"除了学习，就是学习，我都快成了爸爸妈妈眼里的学习工具了！"

……

从孩子们的口中，我多少听出了一些不耐烦的味道。的确，不管家长自觉还是不自觉，在日常生活中，我们总是会跟孩子提起一个字眼：学习。家长关心孩子的学习，我能理解，但若是关心过了头，只怕孩子就会出现这样两种学习状态：其一，成为名副其实的书呆子，只知道看书学习；其二，仇恨学习，把学习当成任务。

对孩子的学习而言，出现这样两种极端的状态并不是好事。

我们可以想一想，如果孩子在小学阶段就成了一个只知道看书的书呆子，那么孩子的各项能力就不可能得到全面均衡的发展。当孩子越长越大，逐渐融入社会时，我们就会发现，一个只知埋头书本的孩子想要在社会生活中过得如鱼得水是多么困难的一件事；同样，如果孩子从小学阶段就仇恨学习、厌倦学习，怎么可能学得好、愉快地走完漫漫求学路呢？

听我这么说，家长们也许会感到迷惑：我们关注孩子的学习会有这么多弊端，照你这样说，我们就由着孩子想怎么着就怎么着？当然不是。要我说，家长在对待小学阶段孩子的问题上，应该本着这样一个原则：既不能忽视他的学习情况，又要注重发展他的多种爱好，让他的生活丰富起来。

一位聪明的家长是这样做的：

和大多数家长不同，在日常生活中，我并没有将自己的注意力全部放在孩子的成绩上，而是既兼顾他的学习情况，又注重挖掘他自身的兴趣爱好，努力让他的生活丰富多彩。比如说，孩子喜欢下象棋，每天等他放学回家之后，我就会先跟他下一会儿象棋；孩子喜欢游泳，我就帮他报了一个游泳班，每到周末都送他去游泳班学一会儿……看我对孩子这么放纵，身边有些朋友不无担心地对我说："你总是由着孩子的兴趣做，耽误了孩子的学习怎么办？"

每每面对这样的疑问，我都会非常欣慰地告诉朋友们："孩子不会因为兴趣而耽误学习。相反，因为他想要做某件事情时，我及时地满足了他，那么他在接下来的学习过程中，就能自觉集中精力，学习效率也特别高！"

不错，培养孩子的多种兴趣爱好，就是能起到这样一种调节孩子学习生活的神奇作用。一个兴趣爱好丰富的人，在生活中就会是快乐、愉悦的，孩子的情绪状态提上去了，必然能以饱满的热情投入到学习当中去。

7 让孩子的爷爷奶奶也参与到教育中来

在家庭生活中，我们可能都会有这样的经历：

当我们因为某件事情和孩子闹得僵持不下时，孩子的爷爷（奶奶）走到孩子身边，亲昵地拍着孩子的小脑袋对他说上一两句话，孩子就会乖乖跟着爷爷（奶奶）走，不再理会我们了；

当我们对孩子反复强调他不愿意去做的某件事时，孩子的爷爷（奶奶）一出马，孩子立刻就去做了；

……

孩子为什么会更喜欢亲近爷爷奶奶？为什么爸爸妈妈的话不听，反而听爷爷奶奶的话？相信家长们都能给出答案：“孩子的爷爷奶奶对孩子宠爱得不得了，孩子要星星，老人不会给孩子摘月亮；孩子想怎么着，老人都由着孩子，孩子跟老人能不亲吗？”

的确，“隔代亲”几乎是每个家庭的普遍现象，老人对孩子的关注程度丝毫不会比父母少。看着孩子跟老人之间亲密无间，我们在感慨和羡慕的同时，是否也曾想过这样一个问题：让孩子的爷爷（奶奶）参与到孩子的教育中来？

也许你会认为我这是在异想天开：祖辈和我们是截然不同的两代人，在教育理念上也是相差甚远，让孩子的爷爷奶奶来教育孩子，孩子会被教育成什么样呢？况且，爷爷奶奶对孩子大多比较溺爱骄纵，对孩子是“捧在手里怕掉了，含在嘴里怕化了”，怎么可能会正视孩子身上那些不足和缺陷，进而下狠心来纠正呢？

正是因为有这样的顾虑，很多家长将隔代教育排斥在家庭教育之外。然而，我却不得不说这样一点：虽然爷爷奶奶的教育理念和我们有差异，但我们却必须承认这样一个事实——爷爷奶奶对孩子的爱丝毫不会比做父母的少。在爱的前提下，爷爷奶奶们同样也能做好家庭教育工作。

此外，隔代教育还有这样几点好处：

（1）祖辈具有抚养和教育孩子的实践经验；

（2）祖辈具有丰富的社会阅历和人生感悟；

（3）祖辈有精力和耐心去陪伴和教育孩子；

（4）可以解除年轻父母的后顾之忧，使其专心致力于事业；

（5）天伦之乐对保障老人健康的心态也有裨益。

从这几点考虑，如果我们能跟孩子的爷爷奶奶耐心地进行沟通，告诉孩子的爷爷奶奶怎样做才是真正对孩子好，怎样做才能让孩子成才，相信孩子的爷爷奶奶会非常乐意配合我们的教育工作。

◎ 方法一：与孩子的爷爷奶奶多沟通，双方统一教育标准

想让孩子的爷爷奶奶也参与到家庭教育当中来的话，所遇到的最大问题，就是统一教育标准。

一位家长就曾这样苦恼地说：

一有爷爷奶奶在场，孩子就会任性妄为，一点儿规矩都没有。比如说，在家吃饭时，我会要求他先去洗手，然后等家人都上桌了再动筷子，可一到了爷爷奶奶跟前儿，这孩子就把这些规矩抛到九霄云外去了：饭菜一上桌，就急不可耐地奔到座位上，手也不洗，也不等别人，自顾自地就开始吃。为此，我没少批评他，但是每次一开口，孩子的爷爷奶奶就会护着孩子说：“孩子嘛，还小，不懂事，等大了就好了。”

就孩子的爷爷奶奶对他这护短的劲儿，我要真把孩子交给他们教，那孩子以后不知道成什么样儿呢！

的确，在日常生活当中，爷爷奶奶往往成了孩子的一块“挡箭牌”。有爷爷奶奶在场时，很多孩子就会挑战父母立下的规矩，无视父母的“权威”，与父母的要求对着干。

因此，要与孩子的爷爷奶奶随时保持沟通，达成统一的教育标准，只有这样才能杜绝孩子的不良行为出现反复。或许，对此你还是会有这样的担忧：孩子的爷爷奶奶能按照我们的教育标准来对待孩子吗？

其实，你的担心是多余的。只要你能耐心地把话跟老人说透、说明白，让老人知道，你的这些标准是为了孩子今后长远的发展，是为了孩子今后更加优秀，老人也就能将你的教育标准贯彻到底了。

我身边就有一位朋友堪称是充分利用隔代教育的典范：

当别人都在害怕祖辈教育会出现种种弊端的时候，我却非常放心地将孩子交给了孩子的爷爷奶奶。当然，在这么做之前，我可是和孩子的爷爷奶奶商定好了很多事情的。比如，和孩子一起出去的时候，对孩子任性的要求不能随便答应；吃东西的时候，不能让孩子吃独食；放学回家之后，不能让他无节制地玩儿……

随后几次，带孩子和老人一起相处的时候，我暗暗观察了一下，当孩子在两位老人面前撒娇耍赖无理取闹，我出面管教时，虽然两位老人也有些心疼，但都忍着没有给孩子帮腔。明确了两位老人的立场后，我对隔代教育也就更加有信心了。

正在为此感到迷茫的家长们，不妨也向我的这位朋友学习，和孩子的爷爷奶奶达成家庭教育统一战线。这样，孩子在犯了错误时，因为没有“靠山”，也就会乖乖地就范了。

◇ 方法二：对孩子的事情不要“全程服务”

有些老人视孙辈为掌上明珠，从清晨开始就为其提供上厕所、穿衣、洗脸、喂饭、去学校接送等“优质服务”，直到晚上孩子熟睡才如释重负。

看着老人一把年纪却为了孩子如此殚精竭虑，我们在感叹老人对孩子爱得伟大的同时，也需要担心一下孩子的成长了。

如果老人们一直把孩子当成“小皇上”“小公主”伺候着，孩子将来会长成什么样子？自私、霸道、自我……

祖辈的爱虽然浓厚，但若是对孩子如此骄纵，对孩子的成长而言，显然并不是一件好事。

所以，作为家长，在你决定让孩子的爷爷奶奶参与到家庭教育中来时，就要告诉他们：对孩子的事情不要“全程服务”。比如说，可以告诉孩子的爷爷奶奶，孩子力所能及的事情，不要帮；孩子自己能够解决的麻烦，不要插手，等等。

赋予孩子自己动手的机会，孩子才可能在自己动手的过程中逐渐变得独立、自主、优秀。

◈ 方法三：对孩子的错误不要包庇护短

在我的教学过程中，经常会碰到学生之间发生争吵的情况，其中有这样一件事情，给我留下了颇深的印象：

那天放学后没多久，教室外面忽然传来了一阵吵闹声。我出去一看，原来是班里两个“调皮蛋”为了争谁先踢足球打了起来。

看着两个孩子争得面红耳赤，我正想要上前调解，其中一个男孩的爷爷恰好进了校门，一看自己的孙子衣服歪歪扭扭的，急急忙忙就奔到了我们跟前，老鹰护小鸡似的将孙子拉到了自己身后，然后才对我说：“老师，这孩子没闯什么祸吧？都怨我，没早点儿赶过来，给您添麻烦了……”

看着连状况都没搞明白，就开始不断给孩子开脱的老人，我真是不知道说些什么好。

过了许久，当时那一幕却仍旧在我脑海中挥之不去。的确，老人们带孩子时，会犯的最大一个毛病就是护短。孩子闯了祸，老人就会把孩子护在怀里，替孩子开脱：“孩子还小，不懂事，闯点儿祸没什么大不了的。”孩子和别人发生了争执，老人们常常不问缘由就会包庇自己的孙子：“小孩子们打打闹闹是很正常的。”

爷爷奶奶或许会认为这是自己对孩子爱的一种表现，然而实际上，它却是让孩子在成长之路上走偏的一个重要原因。包庇护短一方面会让孩子变得有恃无恐，一方面又让孩子失去衡量是非的标准。在多年教学实践中，我就曾亲眼见证过很多这样的例子：

女孩小雯想要同桌那样的铅笔盒，家长不给买，小雯就偷了同桌的铅笔盒，被发现后，小雯的奶奶赶紧为孩子开脱：“孩子也就是图个新鲜，过了新鲜劲儿就好……”此后，小雯小偷小摸的行为愈演愈烈，变成了真正的问题学生。

男孩小庄骄横霸道，经常会跟班上的一些同学发生冲突，每次他的爷爷都会出面，替孩子来学校向老师检讨。“背靠爷爷好乘凉”的小庄，更加肆无忌惮地闯祸，在一次打架斗殴后造成了严重影响，被学校勒令退学。

小学阶段的孩子并没有明确的是非判断标准，如果祖辈们总是对他们的错误包庇开脱，孩子就真的会以为自己是没有错的，就会在错误的道路上越走越远。所以，在隔代教育中，父母必须明确地告诉孩子的爷爷奶奶这样一点：对孩子的错误不要包庇护短。

8 出现问题，急不得

作为老师，跟家长打交道是家常便饭，然而，当我因为孩子身上出现了问题而把一些家长请到学校时，家长们最常见的反应就是焦躁不安，向我不停地抱怨孩子不争气。

每每看到这样的家长，我都会非常严肃地告诉他：“我请你来，是解决问题的，不是来听你发牢骚的。”

孩子出现问题了，家长着急我理解，家长“恨铁不成钢”也在情理之中。但是面对孩子出现的状况，家长暴跳如雷，对孩子抱怨不休就能解决问题吗？这样做不仅不能解决问题，还可能让问题更严重。

就拿我朋友的孩子来说：

朋友的孩子上小学三年级之后，成绩开始大幅下滑，面对孩子越来越差的成绩，朋友看在眼里急在心里。平日里对孩子的唠叨与抱怨在不知不觉中多了起来，看到孩子一不学习就会发火。本来孩子看着自己的成绩总是徘徊不前，心里已经不好过，朋友对待他的这种态度，无疑是在他的伤口上撒盐，让他心里更加难受。随着朋友的指责越来越频繁，孩子面对自己糟糕的成绩反而变得麻木起来了。

原本还有一些上进心的孩子，为什么最终会变得“破罐子破摔”呢？这与家长的教育态度不无关系。

深入分析一下，孩子成绩出现问题，孩子自己就不着急吗？然而，面对孩子成绩下滑，朋友不说耐心帮孩子找一找成绩下滑的原因，不去好好地理解孩子的感受，反而对孩子不停地抱怨指责。孩子心里会怎么想呢？来听听朋友的孩子是怎么说的吧：“成绩不好，我已经很难过了，爸爸妈妈还责备我，既然爸爸妈妈更关心我的成绩，我就差给他们看！”

不错，这就是小学阶段孩子的想法，简单到走极端——不是好，就是坏。

因为了解这一点，在和家长们谈到孩子身上出现的问题时，我有时会毫不客气地打断家长对孩子的指责。

或许大家也都有这样的经验：当我们想要做好一件事情时，越是着急，这件事往往越是做不好，甚至还可能会因为着急、焦躁而误了大事。同样，在孩子的教育问题上也是如此，面对孩子身上出现的问题，家长情绪不稳，气冲脑门，就可能被愤怒蒙蔽了眼睛，造成我们不想看到的结果。

因此，在和家长们一起商量解决方法时，我经常会给家长们打这样一个预防针：面对孩子的问题，一定要保持冷静和理智。

只有冷静，才能耐心地对孩子身上出现的状况进行清楚的分析；只有理智，才能及时帮孩子一把，把孩子从错误的道路上拉回来。

那么，具体到家庭教育的操作中，家长该怎么做呢？

◎ 方法一：先了解情况

医生给病人开药方之前，必须经过的一道程序就是了解病人的病情，然后对症下药。

同样，家长在对待孩子身上出现的问题时，也应如此，只有家长先了解清楚孩子身上为什么会出现这样的问题，才可能会采取妥善的解决方法，帮孩子消除那些可能会影响他学习和成长的隐患。

一位听了我建议的家长在帮助孩子消除错误的时候就是这么做的：

有一段时间孩子对待学习特别不在状态，经常是写一会儿作业就会抬起头看着窗户外面走一会儿神。看着孩子心不在焉的样子，我的气不打一处来：让他坐在那里好好学习一会儿，有那么困难吗？

越是这么想，我的心里越是有气，就在我要过去好好教训这孩子一顿时，老师告诫我的话在脑海里响起：无论孩子身上出现什么问题，自己的头脑都要保持冷静。想到这句话时，我压下自己想要好好教训孩子的冲动，走到孩子身边，心平气和地问他："儿子，你最近学习好像遇到了一些问题，能告诉妈妈是怎么回事吗？"

听我问他，孩子先是愣了一下，随即有些失落地低下头说："最近老师讲的知识，我都听不懂，这些题目对我来说好难啊！"

看着孩子紧紧皱起的眉头，我的心里不由得长出了一口气：幸亏我没有不分青红皂白地批评孩子，要不然，孩子的心里肯定会更难过。一边这样想着，我一边低头看了看孩子习题册上的题目，耐心地为孩子讲解起来。

做完这个工作，我又帮孩子重新调整了一下学习计划。在他的学习计划中重点加入了预习这一环节，让孩子先对每天所要学习的知识有个底儿。在我做了这一系列工作之后，孩子渐渐又恢复到了以前良好的学习状态。

其实，很多时候，孩子身上出现了问题，他自己也很迷茫，不知道究竟该怎么做。家长作为孩子的引路人，在孩子陷入迷茫的时候要适时地给他以指点，而不是让孩子在迷茫之外还要承受家长给予他的心理负担。

如果你也是一位孩子身上一出问题就暴跳如雷的家长，是时候好好反省一下了：难道你想让孩子在你的逼迫下走向极端吗？

恐怕你给出的答案一定会是：不。既然如此，那就收起你遇到问题就呵斥、抱怨孩子的坏情绪，好好了解一下孩子的问题究竟出在了哪里吧！当你抓住了问题的根源，从源头上帮助孩子解决了问题，你也将重新拥有一个优秀的孩子。

◎方法二：给孩子一些切实的帮助

在我教过的学生中不乏一些出现问题的孩子，有的孩子在家长的细心帮助下，能够克服这些问题，最终走向正轨；有的孩子则因为家长对待他的方式不正确，在错误的道路上越走越远。

每每看到一些孩子在学习道路上掉下队来，我都会深深为孩子感到痛心。

孩子是家庭的希望，做家长的几乎把全部的心血都倾注在了孩子身上，然而一旦我们的孩子不争气，犯了错误，走上歪路，也就意味着我们的希望的破灭，我们曾经付出的所有心血都将付诸东流。

如何避免这种情况发生？这需要家长给孩子一些切实的帮助。

我所熟识的一位家长，在孩子身上出现问题的时候是这么做的：

一天早上，我帮孩子收拾书包时，从孩子的书包里发现了一个漂亮的蝴蝶发卡，发卡做工精美，看样子价格不菲。平时我并没有给孩子买饰品的习惯，日常给她的零用钱也绝对不够买这样一个发卡。

察觉出事情有异，我不动声色地问孩子："女儿，能告诉妈妈，这只发卡是从哪里来的吗？"

女儿见我手里拿着那只蝴蝶发卡，小脸露出几分不自在，"那是，我跟同学借的……"听着女儿明显有些底气不足的话语，我更加肯定女儿包里的蝴蝶发卡来得古怪。但我并没有直接揭穿女儿的谎话，而是笑着对她说："既然是借同学的，那妈妈和你一起去还给人家吧！"

我的话一出口，女儿的头就摇得像拨浪鼓似的说："不用妈妈陪我还……"

轻轻抚摸了一下女儿的头发，我语重心长地对她说："孩子，这只蝴蝶发卡这么漂亮，你喜欢，你的同学肯定也喜欢，你不希望你的同学因为没有蝴蝶发卡戴而难过吧？"

女儿沉默了一会儿，默默点点头说："妈妈，我知道了，我会尽快把东西还给同学的。"

面对孩子偷窃甚至撒谎的行为，如果例子中的家长没有控制住自己的情绪，而是对孩子的行为愤怒地呵斥指责，结果会怎样？孩子可能会因为妈妈的指责而心生愧疚，觉得自己的行为是可耻的，进而在幼小的心里留下磨灭不去的阴影。相反，对孩子身上出现的问题，家长能够冷静地给予孩子意见，帮助孩子分析事情的对错，结果又会如何？孩子可能会在家长的细心引导下，认识到自己的行为是不正确、不应该的，进而自觉地杜绝这种行为。

每个孩子的成长都需要肯定，哪怕孩子错了，家长最该做的也是对他及时地纠正和帮助，而不是指责和埋怨。站在孩子的立场上，理解、体贴一下孩子，然后提出你的建议，这个时候孩子对你的建议才会欣然接受。

9 不要为了“面子”为难孩子

和家长交流的过程中，我经常能从家长们的口中听到这样的话：

“我家孩子真是不让人省心，每次考试都垫底儿，我这张脸都让他给丢尽了！”

“看看人家的孩子，又乖巧成绩又好，再看看我的孩子，这不行那不行，跟同事们聊天的时候，听着别人夸奖自己的孩子，我恨不得找个地缝钻进去。”

每每听到家长们这样的话，我的心里都会忍不住叹息一声。的确，现实生活中，像上述家长一样，把孩子当成一个为自己争光的砝码，和别人比来比去的家长并不在少数；因为自己的面子问题，而给孩子施加了无形压力的家长也并不少。

这让我想起我曾教过的一个女孩：

女孩灵灵才刚刚上小学一年级，就能背诵好几十首唐诗，写一手漂亮的字。每次家长会的时候，都会有家长羡慕地对灵灵的家长说：“有这么一个聪明伶俐的女儿，你们真是好福气。”听到别的家长的夸赞，灵灵的家长脸上总是会洋溢起自豪和骄傲的神情。

然而，我却发现尽管灵灵是班上出了名的“小才女”，可是她却一点儿都不快乐，一张本应该朝气蓬勃的小脸上总是显得闷闷不乐。

在课下和灵灵聊天的时候，灵灵一脸苦恼地向我抱怨：“老师，我才不要为了爸爸妈妈的面子当什么‘小才女’。每天放学之后，我连一点儿自己的时间都没有，被爸爸妈妈逼到书房里，不是看书就是写字，我都快要被他们逼疯了……”

还只是小学阶段的孩子，家长就给她施加这么大的压力，很难想象，当这种重压达到孩子不能承受的程度时，会是怎样一种状况。

然而，当我对家长们说出我的担忧时，总会有家长感叹："这也是没有办法的事啊！别人家的孩子都在铆足了劲儿学呢，我们的孩子也不能落后啊！现在不好好督促他，等他以后没有好的未来，过得没有别人好，别说我们脸上无光，只怕他自己也会埋怨我们。"

不能否认，家长的话确实有一部分道理。但我想要告诉家长们的是：如果你真的是为了孩子好，就不要为了自己的面子给孩子施加这么大的压力。

孩子毕竟还小，不论是承压能力还是思考能力都很有限，家长为了自己的面子，总是将孩子跟别人的孩子比来比去，就可能出现这样的情况：

孩子认为家长更在乎他的成绩，而不在乎他的感受，于是跟父母关系疏远；

家长总是拿孩子跟别人比，孩子就可能在这种与别人无休止的比较中慢慢变得自卑；

家长如果将孩子看成自己炫耀的资本，就会给孩子制造一种无形的压力，在这种压力之下，就可能造成孩子做事缩手缩脚、谨小慎微，甚至出现一些重大的失误。

我提到的这些状况，相信家长在实际生活中也曾听说过或者见到过。一旦出现上述情况，家长再想要采取措施补救，恐怕会困难许多。

正是因为这样，我才会在与家长聊天的时候，不止一次地提醒家长：千万不要因为自己的面子，而给孩子施加压力。

具体说来，家长在家庭生活中究竟该怎么做，才是科学的呢？

◎ 方法一：不要拿自己的孩子和别人的孩子比

身为家长，我们大多亲身经历或者看到过这样的场景：在家里、学校、街头，大人呵斥孩子："瞧瞧你这成绩，跟××比差了老大一截，你说说，同样的老师上课，你怎么就比别人差这么多？"

面对家长的指责，孩子会有什么表现呢？对此，我曾私下找一些孩子了解情况，他们给出了这样的回答：

“反正爸爸妈妈心里就是认为我不如别人，既然如此，我怎么努力他们都看不到，他们说他们的，我懒得理会。”

“爸爸妈妈越是说我，我越是和他们对着干，嫌我给他们丢了面子，我就使劲儿给他们丢！”

“既然爸爸妈妈认为别的孩子比我好，那干脆去给别人当爸爸妈妈好了！”

瞧瞧，这就是小学阶段的孩子，虽然年纪还小，但逆反心理和叛逆情绪却一点儿都不弱。家长拿他们跟别人比较的行为伤害了他们的自尊，打击了他们的自信心，家长的攀比让他们产生了厌烦心理，他们可能因此而采取不合作的态度，甚至自暴自弃：

因为妈妈总是拿自己和邻居家的孩子相比，男孩小泽觉得都是因为邻居家的孩子衬托得自己全是缺点，所以对邻居家的孩子心生嫉妒。一次和邻居家的孩子发生冲突时，小泽失手将邻居家的孩子打伤了。

男孩小城学习成绩本来非常优秀，但父母却总是拿他跟成绩更好的孩子比，比如说，小城考了班上前几名，父母就拿他跟第一名比，小城考了班上第一名，家长又拿他跟年级第一名比。这样长久比较下来，小城总是得不到父母的认可，学习的自信心大降，成绩也开始出现滑坡。

每个孩子身上或多或少都会存在一些不足，同样也都会有某些长处。如果家长总是拿他的不足去和别人的长处相比，显然是非常愚蠢的事情。所以，作为家长应该明白这样一个事实：人和人之间天生就是有差别的，孩子也不例外，我们可以拿孩子的昨天跟今天比，拿孩子的成功和失败比，但是千万不要拿孩子的不足和别人的长处相比。

◇方法二：正确看待分数，莫以成绩论英雄

偶然的一次机会，我和几位朋友聚到了一处，自然免不了提到各自的孩子。其中大家最为关心的一点就是谁的孩子成绩好。

的确，家长们聚到一起谈论起自己的孩子时，最喜欢谈论的一个话题就是孩子的成绩。孩子的成绩好，自己脸上自然是有光，备感荣耀；孩子成绩不好，自己就可能会感到抬不起头来。

正是因为如此，家长对孩子的分数就显得格外的关注。在家庭生活中，也就会经常上演这样的一幕：

孩子拿着考得不算很好的成绩回家，家长一看就会抱怨："你看看你才考这么几分，我都替你感到丢人！"

孩子考了90多分兴高采烈地想要得到家长的夸奖，但家长却一脸不满意地训斥孩子："才考这么几分，你得意什么，有本事你给我考个100分！"

在这个以分数论英雄的时代，家长看重分数，我能理解，然而，我却想问家长们这样一个问题：一个考80分的孩子与一个考90分的孩子，在具体能力方面有很大的差别吗？答案是否定的。

"分数"与"成绩"并不是一个概念，分数可以体现成绩，但分数绝不等同于成绩。为什么很多孩子在小学时成绩很优秀，但到了中学时成绩一落千丈了呢？就是因为家长对待分数的态度使孩子产生了扭曲的上进心，使他们只关注分数，而忽视了其他能力的培养。

所以，从长远角度来看，家长对待孩子分数最科学的态度就是——暗中关注，明里平淡。

一位家长分享了他的经验：

我从来不因为孩子分数的高低而兴奋或失望。考得好，孩子高兴，我会从言行之中流露出对他的欣赏，但绝不会过分渲染自己的愉悦情绪；考得不好，孩子沮丧，我会想尽办法开导他。

一次成绩公布后，孩子噘着嘴回来了，没等我问，他就沮丧地对我说：“我考得不好！”

“考得不好是好事呀！”我很平静地对他说。

他惊奇地看着我，好像没有听懂我说的话。

我认真地对他说：“没考好才可以发现哪个地方没学好，如果老师出的题你都会，虽然可以拿高分，但那些学得不好的地方却没有发现，这不就成了坏事吗？”

经过这样的多次引导，他不太注重自己的分数了，但每次考完后都会对做错的题目认真地进行总结。

在很多时候，即使家长不过分强调孩子的成绩，孩子也常常会被分数牵动神经，这时，家长只有引导孩子正确地看待分数，才能把他们的上进心激发出来。

上面家长的做法是非常科学的。小学阶段的孩子已经有了一定的思考能力，如果家长耐心地给他们讲解考试的目的，对待分数的正确态度等等，他们是能接受的。所以，从这个角度来讲，在小学阶段，家长就向孩子灌输“考得不好是好事”的思想，其实就是引导孩子坦然面对分数，激发他们真正的进取心。

第三章

帮孩子一把，促进孩子的学业

引语

三年级的暑假刚过，一位家长就风风火火地跑来找我，满脸担忧地问："老师，我家的孩子这一个暑假光知道玩儿了，照这样的状态，孩子还能学好吗？"

看着家长为了孩子的学习情况忧心忡忡，我实在不忍心告诉他，照孩子这样玩儿下去，除非孩子是天才，否则是绝对不可能学好的。

学习的过程好比是盖楼，小学阶段是打地基的关键时期，地基是否打得牢、打得稳，会直接关系到学习这座大楼是高耸入云，还是最终成为"豆腐渣"工程。

教学多年，我也有这样的体会：小学阶段的学习任务看似没有什么，但每个知识点之间都有千丝万缕的联系，小学阶段的知识学不好，孩子升入中学之后，学习起来就会很吃力，长此以往，孩子也就真的学不好了。

所以，在日常与家长交往的过程中，我总是会向家长传达这样一个观念：在小学阶段，家长适当地帮孩子一把，促使孩子的学习向良性的方向发展，是家长在家庭教育中必须做的工作。

那么，这项工作都包括哪些内容呢？我们可以一起来看一看。

◆帮助是中等生的孩子提高成绩；

◆纠正孩子学习过程中的那些坏毛病；

◆培养孩子爱读书的习惯；

◆应对孩子的偏科现象；

◆家长要做好孩子的家庭老师；

◆帮孩子养成科学的学习方法；

◆控制孩子的不良嗜好；

◆引导孩子爱上学习；

◆让孩子意识到学习是他自己的事儿。

1 孩子是中等生怎么办

在和家长聊天的时候，一提到“中等生”三个字，很多家长都会暗皱眉头，摇头叹息：

“我的孩子是中等生，不上不下，老师永远不会注意到他！”

“我的孩子也是中等生，成绩说好不好，说差不差，永远也不拔尖，不冒头！”

不能否认，家里有个“中等生”确实是很让家长挠头的一件事情。说差，他们并不差；说好，他们也比别人好不了多少。正是这种不上不下、不好不坏的状态，急坏了家长们。

孩子老是这么不上不下，怎么能从众多的学生中凸显出来，考上重点中学呢？

家长的担心的确很有道理，但我们同样不能否认这样一个事实：在一个班级里面，相较于优等生和差生，中等生所占的比重是最大的：如果优等生和差生占全班人数三成的话，中等生就占到了七成。

中等生的队伍如此庞大，很容易出现被老师忽略的情况。所以，才有了家长们上面那些抱怨。

听着家长们的抱怨，我心里不免有些愧疚。的确，和优秀生比起来，中等生没有那么出众，不会引起老师的关注；和差生比起来，中等生又很乖，不调皮捣蛋，不冒头挑事，也很难引起老师的“特别”对待。

然而，这并不代表老师就不重视中等生，只是因为中等生的队伍太过庞大，老师的精力有限，无暇顾及到每个人罢了。作为老师，我很清楚这样一点：只要对中等生投入一定的关注，中等生同样也可以成为优秀生中的一员。

这些关注由谁来给予？那就是家长。

为什么我要这样说呢？我们可以想一想，孩子除了老师和同学之外，和谁接触最多？毋庸置疑是家长。就像我在前面说到的那样，老师并没有充足的精力对每一个中等生都投入相当的关注，而和孩子接触最多的家长却拥有与孩子亲密接触的便利条件。家长若是能够充分利用跟孩子接触的条件，对孩子进行一些科学的指导，那么孩子变得优秀也就是指日可待的事情了。

同时，中等生作为一个庞大的群体，在他们身上还普遍存在这样两个优点：

第一，坚韧。做老师多年，我曾接触过很多中等生，他们身上大多存在坚韧这一个性特质。长年的中等生生活，让他们习惯了隐忍和坚持，对待学习能够持之以恒，胜不骄，败不馁。

第二，踏实。和一些优秀生比起来，大多数中等生身上没有那种高人一等的气势，谦虚好学，能够听得进别人的意见，对自己不明白的问题能够虚心请教，认真对待每一个知识点。

清楚了这些，家长朋友们，你还在犹豫什么？赶紧采取措施来拉你的孩子一把吧！

◎ 方法一：引导孩子把功夫用到点子上

在和一些中等生家长交流过程中，一些家长总会说出这样的困惑：“正如您所说，我家的孩子学习非常刻苦、非常用功，但奇怪的是，每次考试，他的成绩却都不理想。这是什么原因呢?”

面对家长这样的疑惑，我说了一句话：“好好从孩子的学习过程中找原因吧!”

看着家长似懂非懂的神情，我接着说：“如果孩子足够努力、足够用功，但是成绩却一直不够优秀，这说明了什么?”

有家长接话道：“那不是在做无用功嘛!”

的确，时间浪费了不少，却不见进步，就跟做无用功无异。但可惜的是，很多家长都看到了孩子用功的表象，却不知道孩子是否把功夫用到了点子上。用功用不到点子上，孩子又怎么可能取得进步，成绩又怎么会好得起来呢？

想要孩子的努力能够尽快见成效，想要孩子能够在最短的时间内取得进步，家长就要教给孩子几个用功用到点子上的绝招：

◆哪里薄弱补哪里；

◆准备一个错题本，将经常出错的题目记下来，掌握正确的解法，时常温习；

◆每隔一段时间，进行一次总结，看看进步在哪里，不足在哪里；

◆好好查一查有哪些学习习惯使自己徘徊不前。

◎方法二：帮孩子改正不良的学习习惯

我曾多次对家长们提到这样一个比喻：学习习惯就像是孩子在学习道路上前行的工具。学习习惯好，孩子的学习道路就会一帆风顺；学习习惯不好，孩子在学习过程中就可能会举步维艰。多年教学的实践也告诉我，有些中等生之所以长时间在中等位置徘徊不前，不是因为别的，就是因为他们拥有一些不良的学习习惯。例如——

学习拖拉懒散，不能集中精力；

学习马虎大意，经常在一些基础性的知识上犯错误；

做作业前不复习，做作业后不检查；

学习偏科，喜欢哪科学哪科，不喜欢的科目就不理不睬；

……

拥有这样糟糕的学习习惯，孩子的学习又怎么会见成效呢？

所以，家长朋友需要注意，如果你的孩子也长久停留在中等生的位置止步不前，就要好好看一看他是不是拥有不良的学习习惯。

关于孩子的哪些学习习惯是不良的，以及如何纠正这些不良的学习习惯，家长朋友们可以参照本章“纠正孩子学习过程中的那些坏毛病”一节。

◎方法三：引导“聪明却不好学的孩子”要用激将法

在和办公室的一些同事聊天的时候，大家达成了这样一个共识：有些中等生很聪明，之所以成绩不能在同学中间凸显出来，跟他们不端正的学习态度有关。

的确，在教学中我也发现，有些中等生聪明是聪明，但却经常仗着自己聪明而在学习中偷奸耍滑。

就拿班上一些中等生跟我说过的一些话为例：

“老师，这个知识点这么简单，你怎么一直在讲?”

“老师，我一看这道题就知道自己肯定会做，所以，就不用费事再去演算一遍了吧!”

……

从这些孩子的话语中，我们可以看出什么呢？不错，孩子对学习不够重视，学习时经常犯懒。

小学阶段正是孩子为今后的学习打基础的关键期，若是孩子在这个时候就开始以这种态度对待学习，怎么可能将知识学得扎实？知识学得不扎实，孩子在考试的时候也就很难保证每道题都能做正确。

在我教过的孩子中，就有这样一个中等生，脑瓜很聪明，但是考试成绩却一直都上不去。

一次考试过后，我将他叫到了办公室，特意把他同桌的试卷与他的试卷摆放在一起，对他说：“你们是同桌，能力相当，可你同桌的成绩却比你高出了一截，你自己看一看，你们的分数差在了哪里?”

听了我的话，这个学生把自己和同桌的试卷仔细比对了一下，沉默了片刻后对我说：“老师，我知道了。我和同桌就差在了对一些容易题以及难题的解答上。对待容易的题，我马虎大意；对待困难的题，我又图省事，省略了很多步骤……”听完学生的话，我赞赏地看了他一眼，语重心长地对他说：“既然你找到了和同桌之间的差距，接下来就好好努力吧，老师相信你下一次也可以取得不错的成绩。”果然不出我所料，这个学生的成绩后来真的取得了很大的进步。

在日常生活中，对待聪明但不用心学习的中等生，家长不妨也试一试这个方法。用一些能深切启发他的事件来激励一下他，相信这些聪明的中等生也能从中收获很多，进而主动寻找自己与别人的差异，弥补自身的不足，迎头赶上。

生活中可以采取激将法的地方有很多——

◆引导他和某个同学（一定是他最在乎的同学）的成绩比一比；

◆让老师告诉他，如果他努力一些，将取得怎样的成绩；

◆把他考得最差的一张试卷拿出来，和他讨论。

2 孩子偏科怎么办

在多年教学过程中，对这一点我可谓是感触颇深：

当要学的科目孩子们喜欢时，他们的脸上往往会挂着深深的期待；

当要学的科目孩子们不喜欢时，他们的脸上就会有着明显的厌烦。

小学阶段的孩子，就是这么爱憎分明，喜欢一门课程就恨不得一整天都上这门课程；不喜欢一门课程，在课堂上就会没精打采，甚至打瞌睡、走神。

很显然，由着孩子的喜好来学习并不是明智之举。至于原因，各位家长都很清楚，孩子长此以往，必然会陷入偏科的泥淖，甚至无法自拔。

然而，即便如此，我身边还有为数不少的家长存在这样的侥幸心理："小学阶段孩子的学习内容又不重，课程也不多，就算孩子偏科，只要他有自己的优势科目，总体成绩也不会差到哪里去。"

的确，家长这么说是有一定的道理的。作为过来人，我们都知道小学阶段的课程比较简单，就算孩子某一科目出现"瘸腿"现象，只要不是偏得太严重，对他的总体成绩影响也不会很大。但是，我们同样也不能忽视这样一点：如果在小学阶段我们对孩子身上的偏科现象没有足够重视的话，等孩子升入中学之后，课程会越来越多，课业难度会越来越大，随着课业难度增加，相应的孩子的偏科程度也会越来越严重。在这样的情形之下，孩子的总体成绩必然会受到影响。

从长远的眼光来看，家长若不及时纠正小学阶段孩子的偏科倾向，就会给孩子今后的学习生活埋下隐患。

在我教过的孩子中就有这样一个例子：

男孩小城在上小学三年级的时候开始出现偏科现象，特别不爱学数学。每次数学课不是打瞌睡，就是偷偷看漫画。为此，我曾跟他谈过好几次，但小城就是不改。

没有办法，我只好请来了他的家长，在跟他的家长说明情况之后，他的家长却这样告诉我："我们也知道这孩子数学学得不好，可是无论我们怎么说他，他就是不愿意去学，还振振有词地跟我们说，数学学不好怎么了，他语文可以考全班第一名……唉，想想孩子的总体成绩确实也不差，我们觉得也没有必要逼他。"

此后，虽然我多次强调了偏科可能会给孩子造成危害，但他的家长似乎总是不往心里去，孩子的偏科现象也就越来越严重。

升入中学之后，男孩除了语文这一强项之外，其他科目成绩平平，甚至隐约有垫底儿的趋势，家长这个时候才开始着急起来，四处"求医问药"。

想来大家都听说过"讳疾忌医"的故事，当疾病只是在肌肤表层的时候医治要容易一些，随着疾病越来越深入，医治就会越来越困难。对待孩子学习过程中遇到的问题，也是这样：当这些问题还处于萌芽状态时，家长及时地对孩子施以"妙手"，毛病就去得快，等问题越来越严重的时候，再想要纠正就要难上许多。正是因为如此，如果孩子在小学阶段出现了某些可能会影响他今后学习状况的不良学习习惯时，家长就要具备一种危机意识，将它们扼杀在摇篮里。偏科就是这些不良学习习惯中最容易被家长忽视的一点。

那么，小学阶段的孩子会出现偏科现象的原因都有哪些呢？

让我们一起来听一听，我班上那些偏科的孩子都是怎么说的吧。

"老师，这门学得不好没有关系，另一门我可以考满分呢！"

"老师，我一上数学课就头疼，我不是故意不想听课的。"

"唉，我也不知道为什么，我就是不喜欢上这个老师的课。"

仔细分析孩子们说过的这些话，我们不难发现他们身上出现偏科的原因主要有三点：

第一，仗着自己有优势科目，可以平衡自己的总体成绩，便有些自以为是，对弱势科目满不在乎；

第二，对某门学科有畏难情绪，在学习的过程中不自信；

第三，对某门课程的老师存在偏见，进而影响到对这门课程的学习。

因为年龄所限，孩子本身并不能认识到偏科会给他带来多么大的危害，但是家长不一样，我们都是过来人，其中大部分人可能还经历过偏科带来的困扰。如何避免相似的情况继续在孩子身上发生？在孩子偏科现象初露苗头时，及时采取措施，才是最明智的选择。

针对孩子的偏科，家长可以采取哪些措施呢？总原则就是从源头切入，各个击破。

◇ 方法一：让孩子认识到优势科目不是“救命稻草”

和很多有偏科现象的孩子聊天时，他们几乎都会说到的一句话就是：“我这科差没关系，我别的科目好，能帮我提不少分呢。”

的确，小学阶段的科目少，这门差那门好，平衡一下，总体成绩往往也就差不到哪里去。但这就能成为我们放任孩子偏科的理由吗？非但不能，我们还要及时让孩子认识到优势科目并不是“救命稻草”。这一次优势科目能帮他提分，不代表下一次还可以帮他提分。随着孩子年级越来越高，相应的科目难度也会越来越大，孩子所谓的优势科目并不会比别的同学强上多少，等他的优势科目与别人的差距越来越小时，他离垫底儿也就不远了。

所以，让孩子具备一定的危机意识，认识到优势科目并不是他的“救命稻草”，能对孩子的学习起到一定的警示作用。

一位家长在纠正孩子偏科的过程中就曾这么做：

孩子考试过后，我帮孩子分析成绩时，跟他说：“你看你数学虽然得了99分，语文却得了60分，英语也只得了62分，总体成绩一下子就落到别人后面去了。如果你语文、英语都能得到70分以上，你的名次就能前进很大一截呢！”

分析的次数多了，孩子对于偏科的危害也就有了一定的认识。特别是有一次，孩子考试成绩特别糟糕，回家之后对我说：“数学老师出的题太难了，语文、英语倒是简单，可是我却不会做……”

看着孩子懊恼的神情，我趁机又开导他：“是啊，看来光靠着一门课程给你提成绩是不保险的，还是得抓其他的科目。”

经过我多次劝导，再加上孩子最近栽了一个大跟头，他也渐渐意识到一科强并不能保证他的成绩平稳，只有各科目均衡发展，才可能不被别人甩在后面，进而逐渐纠正自己偏科的行为。

如果你的孩子也是一个“瘸腿将军”，不妨向例子中的家长学一学，多帮孩子分析一下偏科的弊端，让孩子认识到优势科目不是他的“救命稻草”，已经具备一定独立思维的孩子，会有自己的思考，清楚地知道自己该如何做。

◎方法二：引导孩子从基础入手克服畏难情绪

我曾经接触过这样一位妈妈，当孩子表露出偏科端倪时，她并没有着急，而是这样做的：

有段时间，孩子经常抱怨数学难学，面对这种情况，我与孩子就数学这一科目的学习进行了一次深入的谈话，并在最后达成了这样的协议：不理会那些难题，先从最基本的知识学起。每天利用半个小时的时间复习数学，在这半个小时内不做别的，只要踏踏实实地把课本中的一小节内容“啃”透就可以了。

与此同时，我与孩子的数学老师取得了联系，希望老师能在课堂上提问孩子一些简单的问题，并及时鼓励孩子。

就这样过了一个月，孩子的数学成绩慢慢提高了。

在纠正孩子的偏科倾向方面，很多家长都进入了这样的误区：

每天要求孩子做大量的难题，以提高“弱科”的成绩，但却忽视了这一科目的基础知识。这样一来，孩子做的难题越多，就越对自己没有信心，进而很快就会放弃对该科目的学习。

细心的家长也许已经发现了，例子中的这位家长并没有要求孩子做难题，而是从简单的基础知识入手，以“消除畏难情绪，增加信心”为目的，帮助孩子树立对“弱科”学习的信心。这样做，不但孩子这一科目的成绩会提高，他对该科的学习还越来越感兴趣呢！

◎方法三：如果孩子对老师有偏见，家长要当“和事佬”

因为对某个老师有偏见进而不喜欢学习该老师教授的课程，这种现象在小学阶段的孩子身上出现一点儿都不新鲜。

一位朋友就曾说起过自己的孩子：

我家那个丫头真是气死人了，也不知道怎么回事，她就是不喜欢数学老师，课程表上只要有数学课，她就会嚷嚷这里不舒服那里不舒服，变着法儿的不去上课。数学可是小学阶段的主科，数学要是学不好，这成绩还能好得了？你给我支支招，我该拿这孩子怎么办呢？

像朋友女儿的这种情况，在实际教学过程中，我也碰到了不少。的确，小学阶段的孩子大多比较感性，可能会因为喜欢某个老师进而就喜欢上他的课，也可能会因为不喜欢某个老师就讨厌甚至逃避上他的课。

遇到这种情况，家长该怎么办呢？办法就是及时充当老师与孩子之间的“和事佬”。

凡事有果必有因。孩子不会平白无故地对老师产生偏见。作为家长，当我们察觉出孩子对老师有偏见的苗头时，就要好好想一想了：孩子为什么会对老师有偏见？是老师的原因还是孩子的原因？如何消除两者之间的误会？

我在上面提到的那位朋友，在听了我的建议后，是这样做的：

知道女儿之所以偏科是因为对老师有偏见之后，我找了一个机会跟女儿好好谈了谈。在和女儿聊天的过程中我终于了解到她不喜欢数学老师的原因所在了。

原来在一次数学课上，老师提问，问到女儿的时候，她没有回答出来，老师批评了女儿两句。虽然老师批评得不太重，但这对一向学习成绩不错的女儿来说，却是个不小的打击。从此以后，女儿一上数学课心里就会有点儿别扭，到后来一看到数学老师就会犯愁，对数学的学习热情也就越来越淡了。

找到了女儿不喜欢数学的症结所在，我开始经常给女儿吹耳边风，说一些数学老师的好话，比如说："你们数学老师今天夸你了，说你的作业做得很认真。""你们数学老师的思维真严谨，照他这么做，这样的题目很快就做出来了。"

当然，除了向女儿吹耳边风之外，我还专程拜访了孩子的数学老师，请数学老师对孩子多关照关照，在课上问她一些简单的问题，多鼓励她。

这样过了一段时间，我发现孩子对数学再没有以前那么强烈的厌恶情绪了。

的确，小学阶段的孩子心里藏不住事，他高兴还是不高兴都会毫无遮拦地表现在外，喜欢谁不喜欢谁也不会遮遮掩掩。家长在平时与孩子相处的过程中，要多留意一下孩子对老师的评价如何：是好的还是不好的？孩子为什么会对老师有不好的评价？孩子和老师之间是否发生了不愉快的事？及时充当孩子与老师之间的"和事佬"，能保证孩子拥有一个良好的学习心态。

3 纠正孩子学习过程中的那些坏毛病

在一次教育研讨会上，一位有着资深教学经验的老教师，问了我们这样一个问题：“如果孩子的学习成绩总是提不上去，原因可能在哪里？”

在座的老师们各抒己见，大致提到了这样几点：

孩子拥有不合适的学习方法；

孩子拥有不良的学习习惯；

孩子玩心太重，不能将心思放到学习上；

……

其中，65%的老师认为学习习惯是影响小学阶段孩子学习成绩好坏的关键所在。以我多年的教学经验来看，事实的确如此。在小学阶段，孩子的学习任务还不是很重，知识难度也并不太大，只要孩子肯用功，大多都能取得不错的成绩。而很多孩子之所以没能取得优秀的成绩，跟他们不良的学习习惯不无关系。

就像我在前面提到的那样，有的孩子学习拖拉磨蹭，有的孩子学习时开小差，有的孩子则懒于思考……

习惯是一种无形的力量，在潜移默化中对人产生无法估量的影响。能够拥有诸多好习惯，孩子在学习的过程中自然能够效率翻倍；反之，孩子的学习状态就会非常糟糕。

那么，小学阶段的孩子都有哪些不良的学习习惯呢？根据多年的教学经验，我大致总结了以下几个方面：

（1）上课容易“开小差”。

（2）作业马虎大意。

（3）学习磨蹭，效率不高。

（4）懒于思考，依赖他人。

针对孩子这些不良的学习习惯，只要家长与老师积极主动地交流沟通，采取相应的措施帮助孩子予以改正，就能保证孩子在学习的道路上走得稳妥，从而逐步走向优秀。

◎方法一：不开小差——提醒孩子紧跟老师讲课思路

上课时为什么会开小差呢？针对这一问题，我曾对很多个班级的孩子做过调查，其中绝大部分孩子的意见是统一的：

“我愣了一会儿神，老师刚才讲的内容没听懂，接下来的内容就有点跟不上了，所以只得回忆昨晚看过的动画片。”

“刚开始老师所讲的内容我都会，就没认真听，但当我想认真听时却听不太懂了，所以只得想些别的来消磨时间。”

……

从这些孩子的讲述中我们不难看出，他们之所以上课开小差与没有紧跟老师讲课的思路有很大的关系。如果没有愣神，在听课的过程中，孩子就不可能出现跟不上的情况；如果紧跟老师的思路，孩子就不可能回忆动画片，也不可能通过想些别的来消磨时间。所以，防止孩子上课走神的最有效方法就是——紧跟老师讲课的思路，一步也不能落。

关于这点，一位家长分享了自己的教育经验：

孩子知道自己上课总是走神会影响听课效果，但他在上课时却管不住自己的思维。对此，我向他推荐了一个妙招——把自己当成老师的“小尾巴”，脑子随着老师的思路动。我是这样对他讲的：“不管老师是讲课、讲笑话，还是提问别的同学，你的思维都要跟着他走，这样你就能管住自己不再走神了。”

别说，这种方法还真有效，没过多长时间孩子上课走神的坏习惯明显减轻了。

为什么紧跟老师的思路，孩子就能管住自己不再走神呢？

我们都知道，小学阶段孩子的理解力及思维能力都是非常有限的，一旦他们走神，接下来便很难跟上。在跟不上的情况下，孩子只得通过开小差来消磨课上时间。但如果从一开始就紧跟老师的思路，孩子不但不会感觉没意思，更不会出现跟不上的情况，这时，只要没有特殊情况孩子是不会轻易走神的。

◎ 方法二：杜绝粗心——提醒孩子不要“大意轻敌”

在一次班级讨论课上，我跟孩子们一起分析了粗心产生的原因。一个孩子有点不好意思地发言道：“老师，其实我早就看出眉目了，越是简单的题目，我们越容易粗心。”这个孩子发言结束，立刻得到了所有同学的认同。

为什么越是简单的题目，孩子越是容易粗心呢？

主要原因就在于孩子的“自我感觉”。在做题的过程中，大多数孩子都会出现自我感觉良好的状态。例如，考试题目不难时，考完之后，他们常常这样对别人吹嘘：

“这次考试题目简直太简单了，我不到半小时就做完了！”

“这些题目对我来说就是小菜一碟，我都没有用笔算，直接心算就得出答案了；还有很多题目我根本就没有一步步地做，跳了很多步做出来的！”

……

但最后结果如何呢？总结平时的经验，我得出的结论是：吹嘘得越夸张的孩子，考试成绩往往越糟。为什么会这样呢？

原因就在于他们放松了警惕。对于简单的题目，他们不放在眼里，但越是这样，就越等于给粗心的坏行为提供了“出没”的机会。家长们千万不要忽视孩子的这种态度，由于这些小学阶段的孩子还处于“不知天高地厚”的阶段，他们总会表现出自我感觉良好、轻视简单题目的行为。例如，总是通过心算计算、做题时总是跳步骤等。

作为成人我们知道，小学阶段是孩子学习态度和学习习惯培养的最佳时期。如果孩子总是以这种“自我感觉良好”的态度对待学习，那粗心就很容易成为他们身上一种顽固的坏习惯。所以，家长们一定要有这样一种意识：提醒孩子，越是简单的题目，越是不能掉以轻心。

一位从事教育工作的家长分享了她的经验：

不管是平时做作业时，还是考试之前，我都会这样告诉孩子：“遇到简单的题目时，你要这样想：这一定是出题人设置的陷阱，而认真就是攻破这个陷阱最有力的武器。”

平时我都是让孩子自己检查作业的，我教他的方法是这样的：做题时越是觉得简单的题目，越是要认真检查一遍。每次孩子检查完之后都兴奋地对我说：“妈妈，真神了，那些错题都被我‘揪’出来了！”

因此，我家孩子与“粗心”的坏习惯之间几乎就是绝缘的。

对于小学阶段的孩子来说，在学习过程中，避免粗心“出没”的最佳方法就是让他们时刻处于警惕状态。上述那位家长的做法就非常科学，遇到简单的题目，告诉孩子，那是出题人设置的“陷阱”，这样孩子就不会放下戒备心了；检查作业时，着重检查简单的题目，即使孩子刚开始因为它们简单而放松了警惕，通过认真检查也能把错误“揪”出来。这些方法都能大大提高孩子的细心度。

◎方法三：摆脱磨蹭——帮孩子树立时间观念

家庭生活中，家长们或许会有这样的经历：

当孩子写作业的时候，往往半个小时能做完的功课，他要耗上一个小时；

孩子在书桌前坐不了多长时间，就会起来四处走动，写个作业，一会儿摸摸这儿，一会儿碰碰那儿，磨磨蹭蹭、拖拖拉拉；

……

没错，学习磨蹭、拖拉，是小学阶段孩子身上比较常见的恶习之一。在我身边就有很多孩子在学习过程中被这个毛病所累，成绩一直在中下等徘徊；也有很多孩子在后来的学习过程中自觉地纠正自己这个毛病，进而渐渐跨进了优秀的行列。

怎样督促孩子摆脱磨蹭、拖拉的恶习呢？帮他树立起时间观念是良策。

对付这些既拖拉又磨蹭的孩子，一位家长有“狠招”，以下是他的分享：

在我们家有这样一个规定：不管大人、孩子，到了晚上10点都必须熄灯睡觉，当然，这更多是为了保证孩子的睡眠时间。

刚开始，由于磨蹭，孩子常常到了10点还写不完作业，但规矩既然已经定了，我们必须严格地去执行它，所以，不管孩子情愿不情愿，我们都熄灯睡觉。

作业没写完，第二天免不了被老师批评，有了两次“挨批”的经历之后，孩子变得乖多了，每天早早地就开始写作业，磨蹭的坏习惯也明显减轻了。

除了规定睡觉的时间之外，家长还可以规定孩子写作业的大概时间，例如，根据作业量这样给他规定：“1个小时之内必须写完作业”“9点之前必须把作业完成”等，时间一到就帮他收拾书本，拒绝让他继续写下去。作业没有完成必定会遭到老师的批评，挨两次批评之后，孩子自然就不会再磨蹭了。

当然，在采用这一方法之前需要家长与老师做好沟通，老师对孩子的批评不能太重，也不能太轻，尺度把握在“既能使他尝到教训，又能激起他的反省意识”为宜。

◎方法四：主动思考，让孩子的脑瓜儿更灵活

在我给学生们上课的时候，孩子们经常会有这样两种截然不同的表现：

有的孩子听课听得聚精会神，只要我一提出问题，他们马上就能回答上来；

有的孩子眼神飘忽，经常神游天外，只要我一提问，头垂得比谁都低，生怕我会问到他们。

结果，前一类孩子对于我讲的知识点往往就能当堂消化，运用自如，而后一类孩子对我讲的知识一知半解，不能充分掌握。对知识的掌握程度不同，成绩自然有了高下之别。

对此，家长在家中辅导孩子学习的过程中，可能也有所体会：

碰到自己解决不了的问题，孩子来向你请求援助，当你想要启发孩子好好想一想时，孩子却嘟着嘴告诉你："哎呀，你直接告诉我答案得了！还要自己想，真是麻烦！"

面对孩子这样的表现，你是怎么做的呢？我想大多数家长可能就会选择迁就孩子，把答案告诉他们。的确，直接告诉孩子答案，既不用浪费口舌，又节省了孩子的作业时间，何乐而不为呢？

然而，家长可曾想过我们一时的偷懒会给孩子造成怎样的影响呢？孩子将会在家长这种"速食"喂养下，变得越来越懒于思考，越来越不想自己动脑筋了。

如果在小学阶段，孩子的大脑就开始"生锈"，孩子今后的学习状态会怎么样呢？不用我说，各位家长心里也是很清楚的。

所以，在家庭教育过程中，督促孩子养成勤于动脑的习惯不失为帮助孩子提升成绩的一个妙招。如何让孩子养成勤于动脑的习惯呢？方法是从他感兴趣的科目入手，引导他多思考。

家长们都知道，当孩子对某个科目不感兴趣时，他就会表现出明显的厌恶情绪，别说让他动脑思考该学科的问题，就是让他多看一会儿该科目的书，他都会备感煎熬。从这一点来说，从孩子感兴趣的科目入手，引导孩子主动思考是一个不错的方法。

首先，孩子对某门课程感兴趣，他对这门课程的排斥情绪就会弱很多，想要让孩子主动思考相对来说就比较容易。

其次，孩子对某门课程感兴趣，就会对这门课程中的一些问题有一探究竟的好奇，家长在辅导孩子学习时，适当地吊吊孩子的学习“胃口”，也能取得不错的效果。

我的一位朋友对此可谓是经验丰富：

平时孩子遇到问题来请求我帮忙的时候，常常是一边心不在焉地听我讲解，一边急不可耐地等着答案。可是偶然的一次机会，我发现，我在讲解某个知识点的时候，他听得特别入迷，而且还会时不时地问我几个问题。等孩子问完之后，我特别留意了一下那些题目：原来是自然科学地质地貌的相关知识点。

找到了孩子的兴趣所在，在平时的时候，我就会特意找一些这方面的东西来和孩子一起探讨。因为孩子对这些东西很感兴趣，在和我一起探讨的时候，就表现得非常踊跃。这样过了没多长时间，以前那个总是不喜欢自己动脑筋的小家伙不见了。

如果你的孩子也是一个时常让自己的大脑偷懒的“小懒虫”，家长们不妨也向我的这位朋友学学，从孩子感兴趣的科目入手，潜移默化地引导他进行思考。当孩子在与家长辩论的过程中体会到思考的快乐的时候，他也就能自觉地要求自己去思考问题了。

4 引导孩子爱上学习

课间在教室里休息时，我经常能看到这样的场景：

即便是下课了，有的孩子也不愿意离开自己的座位，而是认真地研究着老师在课上讲过的知识、题目；

有的孩子下课铃一响就急不可耐地冲出教室，不玩儿到最后一分钟不进教室；

有的孩子则好像解放了一样，浑身一松，趴到书桌上开始打盹。

看到这些截然不同的场景，家长朋友们会想到什么呢？是不是能从这些孩子学习生活中的片段看出他们对待学习所持有的态度？

的确，如果孩子是热爱学习的，那么他们绝不会出现听课打盹儿的情况，也不会出现听到下课铃就跟解放了一样的情况。

透过这些画面，家长朋友们不妨深入想一想：如果在小学阶段，孩子对学习就已经采取这样一种敷衍、应付的态度，孩子今后的学习情况会怎样？

我们不妨来看一个真实的例子：

男孩向阳在上小学三年级之后开始出现明显的厌学情绪：上课不积极，下课就把书本扔到一边，不玩儿到天黑不回家……面对向阳的种种“劣迹”，家长伤透了脑筋，软硬兼施，但他就是不肯好好学习。结果，他的成绩一直很差，小升初时连个像样儿的中学都没考上。

每次看到类似的例子，我都会为案例中的孩子感到深深的遗憾。孩子不喜欢学习总是有原因的，然而可惜的是，很多家长面对孩子不爱学习的情况时，常常不问缘由一厢情愿地逼着孩子学。结果，家长越逼孩子越不愿意学，久而久之，孩子对学习也就真的一点儿激情也没有了。

其实，如果家长在面对孩子不爱学习的情形时能够冷静下来，好好找一找孩子不爱学习的原因所在，孩子就不会像我们想象的那样“冥顽不化”了。

在多年教学过程中，我接触过很多不爱学习的孩子，在我问及他们为什么不爱学习时，他们给出了这样的回答：

“每天在学校我已经学得够多了的，可是回家之后爸爸妈妈还是让我学习、学习，我真是被他们烦死了，他们越是让我学，我就越是不学。”

“为什么爸爸妈妈可以想看电视就看电视，想玩电脑就玩电脑，我却要乖乖在书房看书？这不公平。”

“我不是不想学，我努力过了，可是成绩总是那么差，看来我就不是学习那块料儿，还是不要白费力气了。”

从孩子们的回答中，家长们是不是能够找到孩子不爱学习的症结所在呢？我们不妨一起来总结一下：

首先，家长总是向孩子强调学习，激起了孩子的逆反心理。

其次，家长自己没有为孩子做出榜样，反而要求孩子事事都听自己的话，孩子内心不服气。

最后，孩子努力之后不见成效，心中生出了自卑情绪。

找到了孩子不爱学习的症结所在，现在家长们要做的就是对症下药了。

◎ 方法一：家长要为孩子树立起爱学习的榜样

孩子的成长是需要榜样的，在学习方面也是如此。家长要求孩子去学习，但自己却从不学习，这就如同喂孩子吃一颗苦药丸，即使他肯去吃，也是不得已而为之。在这种情况下，孩子是不可能全神贯注、心服口服地坐在书桌前学习的；反之，如果家长与孩子一起去学习，这就如同分享一盒巧克力，往往不用家长催促，孩子就会主动凑上来。

一位家长就给孩子做出了好的榜样：

孩子学习时，他总会在旁边拿着一本书看，并不时地在本子上写写算算。孩子问他："爸爸，你在做什么呀？"

爸爸笑着对他说："我在做作业呀！"

"你们也留作业吗？"孩子很奇怪。

"虽然没人给我留作业，但如果我自己不学习的话，就会被那些刚毕业的小伙子们比下去，到那时你老爸就失业了。所以，'自己留作业自己做'，这是你老爸永远不落伍的'秘密武器'！"

就这样，父子俩达成了这样一种默契：晚饭后准时坐在书桌前写作业。

很多家长都喜欢用多次重复强调学习的重要性的方式说服孩子去学习，但不管家长给出的理由有多充分，都不如给孩子做出榜样更具说服力。因为家长爱学习的行为本身就向孩子传达了这样一种信息：知识的力量是伟大的，它值得任何一个人倾注一生的时间去学习。上述家长"自己留作业自己做"这种行为，实际上就是在告诉孩子，学习是让人自我提高和增值的一种"秘密武器"。这是对学习重要性的最有力证明，了解了学习的神奇"威力"之后，即使与爸爸没有什么约定，他也会主动去学习的。

◇ 方法二：让孩子产生成就感

如果家长留意过孩子身上的变化，就会发现这样一个规律：

在孩子刚刚跨进小学的校门时，他们脸上经常挂着渴望学习的表情；可是随着孩子在学校里待的时间越来越长，随着孩子的年级越升越高，孩子脸上那种对学习的渴望与兴奋渐渐被一种麻木和挫败所取代。

孩子身上为什么会出现这样的变化呢？根本原因就在于孩子没

能在学习过程中体味到成就感。

身边很多孩子曾这样跟我说：

“老师，数学真的难死了，我怎么都学不会！”

“老师，我怎么这么笨呢，就是学不好英语！”

“老师，我就不是学习英语的料儿！”

……

每每听到孩子们说出这样的话，我都会忍不住为他们今后的学习捏一把汗：如果孩子在小学阶段就已经失去了学习的信心，那么，在今后的学习过程中，他们还怎么可能要求自己迎难而上，克服困难取得好成绩呢？

正是因为清楚不自信会给孩子们带来严重的后果，在和身边家长谈起孩子的学习问题时，我会不厌其烦地告诫家长：不论孩子现在学习成绩是好是差，在辅导孩子学习的过程中都要重视培养孩子的成就感。

具体说来，家长又该怎么做呢？

一位聪明家长的教育经验，或许能够给大家提供借鉴：

有一段时间，儿子对学习表现出了明显的厌倦情绪，一提起学习，眉头就皱成疙瘩。看着儿子这个样子，我的心里也七上八下起来。周末的时候，趁儿子出去和伙伴们玩儿，我拨通了儿子老师的电话。在和儿子的老师交流之后，我了解到了这一情况：最近一段时间，学习难度加大了，儿子一时之间有些不适应，成绩退步很快。清楚了事情的原委，我在辅导儿子学习的过程中，首先做的是帮儿子先打好基础。

帮助儿子把基础夯实之后，儿子再去学习那些相对难一些的知识，就轻松多了。几次考试之后成绩有了很大进步。面对儿子取得的进步，我毫不吝惜自己的夸奖：“儿子，你真棒！进步真快！”

除此之外，我还采取了这样一些措施来激励儿子：

把儿子作业中做得最好的一页贴到客厅的墙壁上；

儿子考出好成绩之后，为他准备一桌大餐；

……

在我不经意做着这些的时候，儿子对学习的态度也慢慢发生了转变。

的确，孩子在学习中遇到问题的时候，很容易产生挫败感，进而逃避学习，厌倦学习。作为家长，面对孩子这一系列表现，我们该怎么办？例子中的家长为我们提供了很好的经验：从这样三步培养孩子的成就感。

◆第一步，从简单的知识入手，帮助孩子夯实基础；

◆第二步，逐步加大孩子所学知识的难度，让孩子体会到进步的快乐；

◆第三步，重视孩子取得的点滴进步，给予孩子表扬。

苦于不知道如何让孩子体验到成就感的家长，不妨尝试着在这三步上下下功夫，相信只要你用心去做了，你的孩子也能逐渐从不自信的泥淖中走出来。

5 让孩子意识到学习是他自己的事儿

一次讲完课后，离下课还有一段时间，我就将这段时间留给孩子们自习用。很多孩子都认认真真地看书或者做我布置的作业，只有一个孩子一会儿看看这儿，一会儿看看那儿，就是不肯安安分分地看一会儿书。

看着这个孩子的表现，我的眉头不由得皱起来了：这个孩子平时成绩一直都不太好，自己怎么还不知道好好用功呢！

于是，我走到他的书桌前轻轻问他："大家都在学习，你怎么不好好看会儿书呢?"

孩子看了我一眼，嘟囔道："我现在把作业做完了，回家爸爸妈妈还要给我安排别的功课做，这些作业，还是等我回家再做吧！"

听完孩子的话，我总算是明白这个孩子对待学习为什么总是一副心不在焉，甚至是逃避厌倦的态度了。原因无他，就是在于家庭教育中家长对待孩子学习的态度出了问题。

这句话怎么理解呢?

我们可以想一想：如果家长总是以一种督促者的姿态出现在孩子的身边，总是在孩子后面轰着他、赶着他去学习，结果会怎么样呢?

或许会有家长这样回答我："在我们的督促之下，孩子的学习当然会越来越好。"

面对家长这样的回答，我常常会平静地告诉家长："那可不见得。"

小学阶段的孩子虽然小，但却已经具备了自我意识和一定的思维能力，如果家长总是站在旁边督促他去学习，孩子心里就会产生这样的想法：学习是爸爸妈妈的事儿，不是我的事儿。

当孩子的心里产生这种想法的时候，他还可能安安分分地学习吗？只怕是不能。

关于这一点，一位家长可谓是感触良深：

为了帮助孩子提升成绩，我和先生可谓是用心良苦，吃完饭所有的休闲节目全部取消，陪着孩子学习、做作业。可让我们没想到的是，我们付出了这么多，孩子不仅没有半点儿进步，学习效率反而越来越差，对我们的意见也是越来越大……真想不到，我们一心一意为了孩子，孩子的表现却离我们的期望越来越远了！

孩子为什么会出现这样的情况呢？

在和这个孩子谈心时，孩子忿忿不平地说："每天在学校里我已经学得够多的了，回家之后还要做那么多爸爸妈妈布置的功课。我成绩好了，他们就高兴；成绩不好，他们就训斥我。既然他们眼里只有成绩，我就偏不给他们学好！"

听完这个孩子的话，家长意识到什么了吗？我们所谓的"对孩子的学习负责"，在他看来已经完全变了味儿。换句话说，家长越是逼着孩子学习、盯着孩子学习，孩子越是会把学习当成一项任务，当成一项负担，从而更加不可能主动自发地学习了。

当孩子将学习看成一项家长赋予他的任务，将学习看成家长强加在他身上的负担时，孩子也就很难在学习这条路上走远了。因此，在家庭教育中，家长必须注意的是：要让孩子清楚，他到底是在为谁学习。

◎方法一：给孩子设立"神圣作业"时间

与很多家长盯着孩子学习的教育方式不同，我的一位朋友在对待孩子的学习问题上，倒是特别"民主"——赋予孩子"神圣作业"时间。

在孩子的"神圣作业"时间内，家长不会站在孩子身边问孩子哪里需要帮助，也不会时不时地进孩子的房间给孩子送水果……这一段时间完全由孩子自己支配，学什么，学成什么样，是否能够按时完成学习任务都取决于孩子自己。

对于朋友的这种做法，周围经常会有人感到不解：“你对孩子如此放手，孩子能够管住自己，在限定时间内好好学习吗?”

面对周围人的疑惑，朋友是这样回答的：“小学阶段的孩子虽然还小，但他们同样也渴望被尊重，家长一直盯着孩子学习就会让孩子感觉不自在；相反，如果我们赋予孩子一定自主学习的时间，并且为这个自主学习时间冠以‘神圣’二字，那么孩子小小的心里，就会对这个可以任由自己支配的神圣时间备感珍惜。”

听完朋友的回答，我由衷地为他的睿智感到叹服。的确，小学阶段的孩子虽然自制力差一些，但如果家长在其学习过程中能够适当施展一些小伎俩，让孩子始终能够对学习保持新鲜感、神圣感，那么孩子在学习过程中的表现往往就会出乎家长的意料。就像我这位朋友的孩子，在朋友帮他设立的“神圣作业”时间里，因为家长给予了他尊重，赋予了他一定的自主权，孩子的自尊心得到了极大的满足，为了不让父母对自己失望，孩子就会在这段时间内严格要求自己，最终大大提高学习效率。

此外，家长赋予孩子“神圣作业”时间，其实就是明确地告诉孩子：学习是他自己的事情，家长不会插手。当孩子意识到了这一点，在学习过程中就能主动很多。

◎ 方法二：让孩子觉得学习是他的一项权利

和孩子们聊天过程中，有不少孩子曾说过这样的话：“爸爸妈妈整天就知道让我学习，烦都让他们烦死了。”说这些话的孩子，无一例外，成绩都不是很好。

家长们也许会感到惊讶：家长对孩子的学习费尽了心思，孩子为什么成绩还不好呢?

其实，关于这一点，我在本节一开始就曾提到过，就是因为家长对孩子的学习过分关注，让孩子产生了这种错觉——学习不是他的事儿。

面对孩子身上出现的这种情况，家长该如何做，才能帮他纠正呢？那就是要让他意识到学习是他的一项权利，而不是任务。

对此，一位聪明的妈妈是这样做的：

从孩子刚上学那会儿起，我就会有意无意地对孩子灌输这样的理念：学习是她的一项权利，而不是任务。例如，如果她不认真对待学习，我就故意剥夺她学习的权利，以增强学习在她心目中的神圣感。

一次，她把作业写得歪歪扭扭，我建议她重写一遍，但却遭到了她义正词严的拒绝。面对她不合作的行为，我还是和颜悦色地对她说："既然你觉得写作业不是一件好事情，那从今天开始，你再也不用写作业了。"

她一下子目瞪口呆了，傻傻地看着我，我一边收拾她的书本一边说："写作业本是一件好事情，它可以使你掌握的知识更加牢固，但你却总是用应付的态度对待它，所以，从现在开始，我要剥夺你写作业的权利！"

看我不像是在开玩笑，她一下子慌了，一边下意识地去夺自己的作业本，一边说："我要写作业，我要好好写作业！"

我故意抬高作业本，让她够不到，并对她说："对待学习这样不认真，我已经剥夺你写作业的权利了，别写了！"

她急得快要哭了，我只得与她"谈判"，在她答应以后一定要认真对待作业后，我才把写作业的权利还给她。

孩子天生是不反感学习的，相反，学习在他们心目中还有一种莫名的神圣感。就拿写作业来说，他们不喜欢写作业，总是用应付的态度对待作业，但他们了解不写作业会有什么样的后果：被老师批评，新学的那些知识掌握不了……如果家长真的剥夺了他们写作业的权利，他们肯定会表现出焦急的情绪。家长的这种做法会使孩子珍惜写作业的机会。

不管是对待作业还是其他学习任务，这些小学阶段的孩子总会出现态度不端正、应付的现象，这时，家长不妨用"剥夺权利"的方式来教育他们，这实际上也是吊他们学习胃口的一种好方法。

6 教孩子一些科学的学习方法

每当我跟身边的家长说到这一点时，总会有家长提出这样的疑惑："小学阶段的学习任务又不重，孩子只要上课认真听讲，下课认真做作业就可以了，还讲什么学习方法呀？"

乍听起来，家长的话似乎很有道理。小学阶段总共就那点儿知识，孩子们只要上课认真听讲，课下认真完成作业，基本就能将那些知识掌握，哪里还需要讲究什么方法。但是，事实真的像家长想的这么理所当然吗？我教过的一个孩子的例子或许能给各位家长以启示：

上三年级之后，男孩小郑的学习成绩出现大幅波动，为此男孩非常苦恼地找到了我，不解地对我说："老师，我对学习没有一点儿懈怠，上课认真听讲，下课认真写作业，为什么我的成绩却像是过山车一样忽上忽下的？"

面对小郑的发问，我只问了他一个问题："你有没有想过自己的学习方法已经不适合现阶段的学习了呢？"

小郑茫然地看着我，摇了摇头。

想必各位家长也和这个男孩一样茫然："小学各个阶段的学习，还有不同的学习方法吗？"的确，在小学低年级阶段，因为课业难度并不是很大，只要孩子足够认真、足够努力，上课认真听讲，下课认真做作业，往往就能取得不错的成绩。然而，随着孩子跨进三年级，进入中高年级阶段之后，课业难度开始有了明显的提高，课程内容也开始越来越多，很多孩子对当天学过的知识已经不能做到当天消化了。如果家长不懂得及时帮助孩子调整学习方法，那么孩子的成绩就很可能在升入中高年级之后出现剧烈的波动，甚至大幅滑坡。

听我说到这里，家长朋友们想必已经不再认为小学阶段孩子的学习不需要方法了吧？

当家长意识到这一点之后，我们又该如何来帮助孩子掌握科学的学习方法呢？其实，对于小学阶段的孩子来说，尽管随着年级的升高课业难度会越来越大，但只要孩子们能够掌握这样一个“黄金学习法则”，就能保证在小学阶段的学习成绩一直都是优秀的。

这个黄金学习法则是什么呢？那就是：**听课—复习—预习**。

听课的重要性自是不言而喻的，我在前面多处都曾提到过，这里就不再多说了。我们重点来看一看，在家庭生活中家长如何引导孩子复习和预习。

◎方法一：复习——引导孩子用大脑“放电影”

在一次五年级的家长会上，一位家长说：“我家孩子放学回家后就小睡一下，从来没看到过他复习，但他的作业却做得又快又好。”

我非常不理解，按说五年级的知识已经有一定难度了，即使他听课再认真，这些知识接受起来也需要一个重复巩固的过程；即便他的记忆力再好，众多的知识堆在一起也会有遗忘……为什么他不复习就能把作业做得有质有量呢？

我把疑惑告诉了这个孩子，他不好意思地对我说：“其实秘密就在我小睡的那段时间里。”看着我惊讶的样子，他自信地讲述起这门自己独创的“功夫”：

回到家之后我就躺在床上闭起眼睛来“睡觉”，很多时候爸爸妈妈都以为我睡着了，其实我并没有睡觉，而是在脑子里“放电影”。电影的内容就是白天老师讲课的过程。其中包括老师讲课的内容、课上介绍的学习方法以及留的口头作业等。

在“放电影”的过程中，我也常常会遇到想不明白或回想不起来的地方，这时我就会拿起课本来看两眼，完全明白之后再合上课本继续想。

家长以为孩子在睡觉，其实孩子是闭着眼睛将白天所学的内容认真地复习了一遍。从某种意义上来说，这种“放电影式”的复习方法，比那种单纯地拿着课本看一遍的复习方法更有效。因为这是一个认真思考并记忆的过程，通过这种方式，孩子所掌握的知识更为牢固。

这种方法虽然有效，但有一个很大的缺点，它不适合那些自控力差的孩子。躺在床上回想，也许孩子很快就会睡着，也许他们的思维很容易就会跑到那些与学习无关的事情上去。

一位聪明的家长对这一方法进行了改进：

他不是让孩子躺在床上“放电影”，而是让他坐在书桌前回想，一边想一边用笔把重要的知识点写下来。这样不仅可以防止孩子回想那些与学习无关的事情，还能帮助孩子尽快了解那些没有掌握的知识点。

小学阶段孩子的自制力普遍较差，改进后的这一方法更适合他们使用。在孩子写作业之前，家长引导他把白天的学习过程在大脑里放一放“电影”，这既不会浪费太长时间，又能使孩子把知识掌握得更加牢固。亲爱的家长朋友，你还有什么理由不让孩子去试试呢？

◇ 方法二：预习——一读，二想，三动笔

小学阶段的孩子应该用什么样的方法预习呢？

在教学的过程中，我总结出了这样一种有效的方法——一读，二想，三动笔。

首先，“读”是预习的第一步，但学科不同，读的方式也是不同的：

语文需要大声朗读，数学需要默读，英语需要“跳跃式”地读（遇到陌生单词，不要与它“较劲”，直接跳过去）。

其次是“想”，即思考。在“读”的过程中，孩子肯定会遇到很多“障碍”，如语文中不认识的字、数学中不理解的公式、英语中陌生的单词……这时，孩子需要思考这样几个问题：

◆这些生字、生词、不理解的公式、陌生的单词等，我之前学过吗？

◆它们与之前所学的知识有什么联系？

◆它们是不是就是下节课将要学习的重点？

……

把这些问题弄明白之后，孩子就没有必要再继续对这些陌生的知识点进行追究了，因为它们就是下节课老师讲课的重点。

最后是“动笔”。把那些陌生的知识用不同的符号标注出来。例如，读不懂的知识点用一个专门的符号标注出来；与前面所学知识有关联的知识点用一个专门的符号标出来；下节课需要仔细听的知识点用一个专门的符号标出来……

当然，家长一定要告诉孩子，如果觉得某个知识点与前面所学的知识有关联，一定要把它们之间的关系搞清楚。例如：

◆如果觉得某个生字与前面所学的一个生字很相似，可以把它们放在一起做比较；

◆如果觉得数学中的某个知识点用到了之前学到的一个公式，一定要把这个公式再认真看一遍；

◆如果觉得某个英语词组与之前所学的一个词组很相似，一定要把它们的不同之处找出来；

……

小学阶段的孩子都有这样一种不好的习惯：如果觉得老师所讲的内容自己都会了，他们往往就不会再认真听课。所以，他们的预习无须太深入，只要能够按照以上三点去做，就既能激发他们听课的积极性，又能使他们对知识做到融会贯通。

7 家长才是最好的家庭教师

与家长们交流时，很多家长常常问我："孩子的成绩不突出，要不要为他请个家教?"

每当这时，我都会肯定地告诉他们："不必请家教，你才是孩子最好的家庭老师。"

我不提倡家长为孩子请家教的原因有两点：

首先，请家教更易使孩子的成绩出现"滑坡"现象。

在教学的过程中我发现，几乎每个班级都有几个孩子上课漫不经心，既不认真听讲，也不积极回答问题。为什么他们对待学习如此不用心呢？他们周围的同学解开了我心中的疑问："他们上课听不听无所谓，反正回家后家庭老师还会给他们讲一遍！"

因为有"后路"可走，他们就把课堂听课的机会当成可有可无的一件事。作为老师，我想告诉家长们的是，孩子这种忽视课堂学习的状态，让他们损失的可不仅仅是在课堂中没有学到的那些知识。

课堂中，任何一位老师都不是简单地向孩子灌输知识，而是有意识地培养他们的思维能力，并教会他们如何学习。家教老师即使让孩子掌握再多的知识，但如果孩子根本不知道如何学习，成绩出现"滑坡"也是必然的。

其次，请家教会使孩子的学习变得被动。

我曾听到一位家长这样评价孩子的家庭老师："这次给孩子请的家教真是棒极了，短短两个月，孩子的学习成绩竟然提升了10个名次！"看到这位家长兴奋的表情，我真想走过去问他："你真的相信孩子学习成绩速升的'神话'吗?"

凭着多年的教学经历，我总结出了这样一个规律：**每个孩子的好成绩都是建立在牢固的基础知识、正确的学习思路、优越的学习能力基础之上的**。这些能力的获得都是在平时的学习过程中一点点积累起来的，因此，学习成绩根本不存在速升的“神话”。

很多家庭教师之所以能使孩子的成绩在短时间内提升，是因为他们与任课老师的教育理念是不同的。任课老师的教育理念是，在教授孩子知识的同时赋予他们思考的机会、学习的能力，使其成绩稳步得到提升；但大多数家庭老师的教育理念却是：将所有知识都“填充”进孩子的头脑里，使他们的成绩在短时间内速升。

只知道一味地向孩子的头脑中“填充”知识，将所有的解题方法、答案都抛给孩子，孩子就会变得只会被动接受，不会主动思考，当然培养不了自主思考的能力。在这种情况下，即使孩子的成绩提升再多的名次，也只是表面现象。因为不具备主动思考、自主学习的能力，一旦离开家庭老师，孩子必定会出现学习困难。

所以，当很多家长都在视家教为提升孩子成绩的“神丹妙药”时，我却总不忘这样提醒家长：家教固然在一定时期内对孩子成绩的提升有促进作用，但长远来看却并不利于孩子学习能力的培养。

的确，家庭教育是一门技术，家长才是孩子最好的家庭教师，在培育孩子的过程中，需要家长投入更多的耐心、更多的关注，而不是贪图省事借助外力“速成”。那么，家长在担任家庭教师这个角色的时候，如何将孩子教育好呢？

◎方法一：找到最适合孩子的那把“钥匙”

世界上没有完全相同的两个孩子，每个孩子都有自己的特点，例如，有的孩子需要激励，有的孩子喜欢被表扬……作为家长，要善于发现和总结孩子的这些独特点，因为这会帮助家长找到引导孩子学习的最有效的“钥匙”。

在教学的过程中，针对不同特点的孩子，我会用不同的“钥匙”

引导他们学习：

◆针对争强好胜的孩子，我多用“激将法”，例如，我会这样对他们说：“这道题非常难，其他班的学生都没有做出来，我想咱们班的同学肯定也对它无能为力吧！”

◆针对自信心不强的孩子，我多用“点将法”，例如，上课多让他们回答问题，不管答案是否正确，都对他们积极思考的行为进行鼓励；

◆针对贪玩又没自制力的孩子，我多用“赋予责任法”，例如，在课下我会对他们说：“我经常在家里提到你，说你活泼又懂得上进，我儿子还说要以你为榜样呢！你一定要给他做好榜样呀！”身上承载着神圣的责任，他们就会有意识地控制自己贪玩的欲望了；

……

一把锁总有与之配套的一把钥匙，对于孩子的学习来说也是如此，只有找到最适合孩子的教育方法，他们才会以最佳的状态投入到学习中去。

◎方法二：通过各种“隐秘”渠道了解孩子的学习情况

家长是最了解孩子的人，往往只问几个简单的问题，家长就能断定孩子在学校快不快乐，有没有认真学习，哪些知识点掌握得不牢固……**了解了孩子的学习动向，进而为他提供最及时、最贴心的帮助。**

然而，随着孩子年龄的增长，细心的家长会发现，孩子越来越不肯向自己吐露心声了，而且，如果总是询问学习情况，他们还会表现得特别厌烦。不了解孩子的学习情况，家长往往就不知道从哪儿下手去帮助他们。

但有一位家长不直接询问孩子，也总能及时了解孩子的学习动向，她分享了这样的经验：

我是通过两个渠道了解孩子的学习情况的：一是他的老师；二

是他的好朋友。

每次家长会结束之后，我都会有意识地与老师多聊一会儿，不用刻意去问，老师在有意无意之中就会把孩子在学校的情况透露出来。另外，我很早就保存了老师的电话，节假日时经常给老师打个问候电话，沟通的次数多了，老师就会自动聊起孩子在学校的表现。

每次孩子的好朋友来家里玩时，我都会与这个小家伙多聊上几句。当然，我不会主动问："他在学校没有捣乱吧？有没有挨老师的批评？"而是从侧面进行"攻击"："上课时有很多有意思的事吧？是不是有些孩子经常捣乱？"在不知不觉中，孩子在学校的表现就已经在我的掌控之中了。

这位家长的做法非常科学，当孩子不肯透露自己的学习情况时，从他的朋友和老师入手，就是了解他学习情况的最佳途径。当然，家长们还应该注意，这一切都应该在孩子浑然不知的情况下进行。例如，给老师打电话，要选择孩子不在场的时候，而且事后不应该对他提及此事；与他的好朋友聊天，闲聊可以，千万不要提那些有强烈目的性的问题，否则他很容易"封锁"这一渠道。

8 培养孩子爱读书的习惯

执教多年，我发现了这样一个不能称之为规律的规律：凡是那些喜欢阅读的孩子，大多成绩都比较优秀：

当我在课堂上提到某些课外知识时，这些孩子的脸上总会露出一丝了然的笑意；

当我在批阅他们的作文时，总是能在他们的作文中发现一些闪光的语句；

在课下与别的同学一起讨论某些问题时，他们也总是能够发表一些独到的见解；

……

伟大的文学家莎士比亚曾说过：“生活中没有书籍，就好像没有阳光；智慧里没有书籍，就好像鸟儿没有翅膀。”的确，书籍的力量是巨大的，一个喜欢阅读的孩子不仅能通过读书拓展自己的知识面，更能从课外书籍中汲取智慧和“养料”，在学习的过程中学得更加轻松。

然而，在我和家长们提起让孩子养成爱读书的习惯时，总会有家长提出这样的顾虑：“孩子的功课都还没有完全巩固，哪有时间读课外书呢？”

其实，要我说，家长这种观点是很不正确的。小学阶段孩子的学习任务还不是很重，有大把可以自由支配的时间，他们完全可以在做好课内功课的同时，兼顾做一些课外功课。而且，小学阶段正是学习习惯和学习兴趣养成的关键期，如果家长在这个时候能够引导孩子爱上读书，那么孩子的一生都会受益无穷。

我的一位学生就曾这样说：

和班上一些同学一起讨论问题的时候，经常有人会用这样一个词来称赞我：博闻强识。每每听到同学们这样的夸赞，我的心里就像吃了蜜一样甜。没错，和身边的小伙伴相比，我懂的知识确实要多一些。而这都要归功于我“诡计多端”的妈妈。

每天放学回家，我经常看到的一幕就是妈妈在沙发上捧着一本书在看，刚开始我并没有注意，可是时间长了，我发现妈妈经常会看书看得废寝忘食……是什么书这么吸引妈妈呢？出于好奇，我开始“偷”妈妈的书看，这一看不得了，我马上被书中的内容吸引了。就这样，当别的小伙伴都在电视机前津津有味地看动画片时，我却在房间抱着《知音漫客》《读者文摘》等杂志看得有滋有味。不知不觉间，我的知识面越来越宽了，老师上课讲到的很多知识，我都知道。学习对我来说，也越来越轻松了！

听完这位同学的话，连我也忍不住要称赞他那“诡计多端”的妈妈了。是的，在家庭生活中，很多时候，并不是孩子不想看书，而是家长没有给孩子提供一个可以让他爱上读书的氛围。向例子中的妈妈学一学，首先给孩子做出爱读书的榜样，在你的熏陶之下，孩子的好奇心就会被极大地调动起来，进而不用家长催促就会去“偷”你的书来看了。当然，家长在这样做的时候，一定还要注意一点：选一些孩子感兴趣的书。若是孩子对家长为他选择的书不感兴趣，这个方式就很难见效果。

那么除此之外，家长还需要注意哪些方面呢？

◇ 方法一：为孩子营造书香氛围

一个孩子对知识是否有渴求的欲望，从他家的摆设中就可以看出来。如果一个家庭中现代化的设备无所不有，唯独缺少图书，那么，在这种缺少学习氛围的环境中，孩子是很难对知识敏感的；但如果一个家庭中没有电脑、没有音响，有的只是涉及不同领域的图书，在这种浓厚知识氛围的熏陶下，孩子没有理由不爱读书。

我就认识这样一个孩子：

只要有时间，他随手抓起一本书就能看上半天。他的嗜好无人不知无人不晓：不拿书不进厕所，在厕所一蹲就是半个小时；睡前不看会儿书或报纸，他连觉都睡不着；坐公共汽车因为看书而坐过站……尽管他的家长为此多次责备他，因为在厕所和车上看书对身体不好，但他始终对书不离不弃。

为什么这个孩子对图书如此“着迷”呢？

这与他家的氛围有着直接的关系。

第一次去他家时，我误以为自己走进了一个图书馆：客厅里没有电视，但却有一排书架，书架上摆满了各种各样的书籍；茶几旁还摆着两个与图书馆里一模一样的报纸架，上面都是近期的报纸……

走进孩子的房间，我更是被一股浓浓的书香气所吸引：书柜里、床头柜上、书桌上……家里凡是能摆放饰物的地方都以图书代替。当时我就在想，在一般的家庭里，孩子对着的不是电视就是电脑，很难想到要看会儿书；但在这个孩子的家里，出来进去都是书，孩子高兴时、不高兴时、无事可做时、不知道做什么时……能看到的、能拿到的都是书，怪不得他对书籍如此“着迷”呢，这主要得益于他那知识分子父母给他营造的读书环境。

这个孩子的父母都是知识分子，把家里装饰成“图书馆”也是正常的。其实，在一般的家庭里，给孩子营造读书的环境，家长无须把整个家里都装饰成“图书馆”，只要用书籍来装饰孩子的房间就可以了。孩子毕竟在自己的房间里待的时间最长，想读书的时候，随手可以拿到书；遇到难题时，随手可以拿到书；睡觉之前，随手翻几页书……长此以往，无聊的时候，孩子就会习惯性地去翻书。

所以，家长用图书去装饰孩子的房间，既能防止孩子学习时注意力分散，又能为他营造出浓厚的读书氛围。

◎方法二：教给孩子正确的读书方法

在小学阶段，很多孩子不爱读书，因为他们把读书视为“负担”；很多孩子喜欢读书，因为他们视读书为“享受”。在孩子眼中，读书是“负担”还是“享受”，主要取决于什么呢？

在回答这个问题之前，我先给家长们介绍这样两个孩子：

一个孩子叫洋洋，非常爱读书，她有一个摘抄本和一个剪贴本。每当家里来了客人，她都会与客人分享这两个本子：如果客人是成人，她会请客人翻看她的摘抄本，在这个本子里，有她摘抄的优美名段，还有她读一些小故事的简单感受……她常常兴奋地与客人分享：“当我读到这一段时，我觉得作者描述的景物简直太美了，所以忍不住就抄下来了。”

每当家里来了小客人时，她就会把剪贴本拿出来炫耀，上面都是从报刊杂志上剪切下来的小幽默、小故事，还有一些有意思的图画等。她总会热情地与小客人分享：“读读这个小故事，看看你的下巴是不是会掉下来……”

另一个孩子叫小军，他与洋洋同在一个班级，他对待阅读的态度与洋洋恰恰相反：“读书有什么用呀？读了又记不住，还不如不读呢！”

通过这两个孩子的对比，想必家长们早已发现，洋洋之所以喜欢读书，是因为她知道如何去读书，比如把优美句段摘抄下来、做读书笔记等；而小军之所以对读书没有感觉，是因为他根本不懂得如何去读书。

其实，孩子是否会把读书当成“享受”的秘密就在于孩子是否掌握了科学的读书方法。关于读书，如果没有成人指引，大多数孩子只会看“热闹”，比如没有故事情节的书坚决不读；书读完之后扔一边，过几天就忘在脑后了……在这种状态下，孩子只是把读书当成“消遣”，而并非享受。

所以，要让孩子“享受”读书，家长必须告诉他们一些科学的读书方法，如精读、略读、跳读、浏览等。当然，对于小学阶段的孩子来说，家长的要求不宜过高，给他们足够的时间，让他们慢慢去接受即可。

在教学的过程中，我是这样向孩子们传授阅读方法的：

圈圈点点、摘摘抄抄——这是阅读一些美文的方法。

我一直对他们讲，不要以为写景、抒情的文章没意思，它们可以给我们带来美的感受。因此我常常引导他们把那些优美的句子、精彩的抒情片段等圈画或摘抄下来。

大概浏览，剪剪贴贴——这是阅读自己感兴趣知识的方法。

在小学阶段，很多孩子常常会对特定的知识感兴趣。比如，有的孩子很喜欢那些小幽默、小故事；有的孩子对介绍各种生物的知识很感兴趣；有的孩子非常喜欢介绍各种武器的知识……这时圈圈画画已经满足不了他们的阅读兴趣了。此时，家长就可以引导孩子把感兴趣的知识点和图片剪切下来，制作一个剪贴本。在这个过程中，孩子既能获得知识，又能陶冶情操，还能培养动手能力，这是一个多重享受的过程。

读读想想，写写画画——读书并不仅仅是读，还要想。

在阅读的过程中，我常常鼓励他们思考这样几个问题：文章讲的是什么内容？你认同作者的观点吗？这篇文章你还有没读懂的地方吗？……不一定要有答案，但必须思考。当然，不管读哪种类型的文章，孩子或多或少总会有感受，我一直都对他们说：“不管对与错，有了感受就要及时地记下来。”

了解了这些适合孩子年龄段的方法，相信家长在孩子嘴里再也不会听到“没用”或“没劲”的评价了。当一个孩子把读书当成“享受”时，读书就会成为他一生的好习惯。

9 控制孩子的不良嗜好

有一段时间，我发现班上一个男孩的成绩下降得特别快，眼看着一棵学习的好苗子出现这样的情况，我不由得有些着急，连忙与孩子的家长取得了联系。

在我和家长说起孩子最近的学习情况时，孩子的家长也是一脸茫然："孩子最近还是和以前一样，放学就回自己的屋里学习去了，怎么会出现这样的状况呢？"

听着家长发问，我心里不禁有些疑惑地问："你能确定孩子是在房间里学习吗？"

我的话，让家长沉默了好一会儿才迟疑地告诉我："老师，我先观察观察这孩子一段时间，再跟你商量怎么办吧！"

这之后没多久，这位家长就跑来学校找我，一见面就火急火燎地说："老师，你猜的真准，这孩子在房间里没有学习，他竟然在上网玩游戏，为防止我听见动静，还把音量调到了最小。亏我还一直以为他是在房间里学习，都不敢进去打扰他……"

看着家长一脸焦急的神色，我在心里也是禁不住一叹。教学多年，我曾见过很多孩子像这个男孩一样因为某些不良的嗜好而耽误了学习：他们或者因为看电视成瘾而把学习抛于脑后；或者因为贪玩而对学习置之不理；或者因为上网上瘾管不住自己，荒废了学习……

见多了孩子们因为不良嗜好影响学习的事实，在和家长们接触时，我就会时常叮嘱家长们：如果发现孩子有不良嗜好的端倪，一定要及时采取措施，对孩子的不良嗜好进行控制，防止这些不良嗜好给孩子的学习造成无法弥补的损失。

每每听到我这样说，就会有家长发出感慨：“孩子虽然小，但却任性得很，哪里是那么好管的。他想做什么，就是九头牛都拉不回来，又怎么会按照我们的要求来呢?”

家长的话的确很有道理，小学阶段的孩子因为自制力较差的缘故，并不能很好地控制自己的欲望。比如说，他们想看电视，就可能把所有的事情都放到一边；他们想玩儿，可能就会玩起来没完没了……这些表现在家长的眼里，就成了孩子任性的代名词。

然而，对于孩子这些不良的嗜好，我们真的就束手无策吗？其实只是我们没有找对方法而已。只要家长肯用心，根据每个孩子的不同性格特点采取不同的措施，每个家长都能做到很好地控制孩子的不良嗜好。

◎ 方法一：看电视成瘾——引导孩子写“观后感”

一说起孩子看电视，几乎大部分家长都会感到头疼：

“只要《动画城》一开播，无论孩子正在干什么，他都会第一时间冲到电视跟前，任你说什么都听不进去了，恨不得自己能钻进电视里面去。”

“我家那个孩子看电视都入迷了，每天直勾勾地盯着电视看，饭也不吃，觉也不睡。”

……

面对孩子看电视没有节制的情况，大多数家长除了摇头叹息之外，就是对孩子抱怨不休。但家长的叹息、抱怨，对纠正孩子的不良嗜好有用吗？不仅没用，孩子还可能因为家长对他抱怨不休而生出几分倔脾气，偏要跟家长对着干——你越是限制我看电视，我越是要看。

很显然，这样的结果家长更加不想看到。既然如此，家长究竟该如何做，才能防止孩子看电视成瘾呢?

在说这个问题之前，我们很有必要了解一下小学阶段孩子迷恋看电视的原因。和班上一些“电视迷”们聊天的时候，他们告诉我：“电视看多了，才有更多的‘资本’与同学交流。”听了他们的回答，我不由恍然大悟。

的确，升入小学后，孩子大部分的注意力已经从父母身上转移到了同龄伙伴身上，由于看电视是他们都喜欢的娱乐方式，所以交流电视节目就成了他们打入伙伴群体的有效“手段”。

找到了原因所在，家长想要采取措施控制孩子的不良嗜好也就不难了。对此，一位聪明的家长是这样做的：

我不阻止孩子看电视，有时我甚至还“鼓励”他去看电视。例如，有一次我神秘地对他说：“告诉你一个好方法，可以让班上的同学们对你刮目相看。”

他迫不及待地想知道这个好方法。卖完关子，我对他说：“每看完一个电视节目，写一篇‘看电视心得’，这样你的思路清晰了，认识深刻了，才更有资本与同学们交流。”

他照我所说的去做了，的确，同学们都对他竖起了大拇指。于是，“看完电视后写心得”就成了我们家的一个规定。

但随着时间的推移，孩子发现写“看电视心得”并不像他想象的那样简单，于是，有的时候，为了不写，他宁愿放弃看电视。就这样，我的目的也达到了。

这位家长是一位非常明智的家长，他知道粗暴地阻止孩子看电视是达不到目的的。所以，他从孩子沉迷于电视的原因出发，引导孩子通过写“看电视心得”来增加与小伙伴的“谈资”，这一建议的确让孩子尝到了一定的甜头。

但从另一个角度来思考，看电视的时间越长，看的电视节目越多，便意味着要写更多的“看电视心得”，对于小学阶段的孩子来说，这并不是一个轻松的任务。所以，为了避免这种不必要的任务，孩子会自动减少看电视的时间。

除此之外，家长还可以借助这样两个小贴士来防止孩子看电视成瘾：

第一，家长可以挑选一些电视节目让孩子来看。比如一些知识性较强的节目《动物世界》《人与自然》等，还有一些根据文学作品改编的动画片等。

第二，规定孩子看电视的时间。比如，从周一到周五，可以看半小时的动画片，写完作业可以看一会儿电视剧，等等。

另外，要让孩子养成科学看电视的习惯，家长必须以身作则，如果家长整日沉迷于电视，又如何去教导孩子有节制地看电视呢？更为重要的是，如果家长所制定的规则只对孩子起作用，对自己的行为却没有任何约束性，那对于孩子来说，家长的任何规定和原则都将是一句空话。

◎ 方法二：迷恋上网——将上网变成一种任务

在一次五年级家长会上，有位家长说过这样一句话："别人家的孩子都是上网成瘾，可我家的孩子却对上网没有多大的兴趣。"

他的话一出口，就引来了众多家长的好奇，孩子上网成瘾已经成了家长最为头疼的问题，这位家长的孩子为什么会对上网没有兴趣呢？

在大家的追问之下，这位家长道出了原委：

"在大多数家庭中，家长们会把上网当成奖励孩子的手段。比如说，孩子期末考试考得成绩不错，家长可能就会奖励孩子上一小时或两小时的网。这种情况下，这一小时、两小时的上网时间对孩子来说就显得弥足珍贵，孩子常常会玩得不尽兴、玩不够，总想多玩一会儿。心中总是觉得玩不够的时候，孩子也就会慢慢地上网成瘾了。然而，在我家里，我却是将上网当成了一种'惩罚'孩子错误的手段，比如孩子作业做得不认真，我就会说：'罚你周六上网10个小时。'10个小时，是相当长的一段时间，对孩子来说，纵使他对上网多么喜爱，可当他所喜爱的东西，变成一种惩罚手段的时候，他的心理也会发生一些微妙的变化。一两个小时，他可能还有事可做，玩得尽兴，但随着玩的时间越来越长，尤其是他心里还把这10个小时当成‘任务’一样来完成，他就会觉得10个小时非常漫长……当孩子觉得上网是一件痛苦的事时，也就对网络没有那么着迷了。”

听完这段话，在场的家长才恍然大悟。

的确，在家长看来，孩子表现好了，满足一下孩子上网的欲望，是一种不错的激励手段。其实不然。就像例子中的家长分析的那样，家长的奖励时间（一两个小时），对于贪玩的小学阶段孩子来说，是远远不够的，当孩子玩得不够尽兴的时候，就会对电脑心有牵挂，长此以往也就成了瘾。例子中的家长就做得非常好，把上网当成一种“惩罚”孩子错误的手段，孩子在把上网当成一项“任务”的时候，就会觉得上网是一件痛苦的事情，久而久之，对上网的兴趣就不会很大了。

仔细想想，确实如此，谁都不希望被强迫做某事，尤其是自尊意识、自我意识已经觉醒的小学阶段的孩子，即便某事是他曾经喜欢做的，但一旦这件事被冠上了一个“惩罚”的帽子，他就会从心底加以抵触，不愿意去做了。

◎方法三：爱玩、贪玩——引导孩子玩出名堂

想必家长们都听说过大禹治水的故事，禹的父亲鲧采取堵的方式来治水，结果以失败告终，而禹采取疏的方式治水，则成功地控制了洪水。

其实，这个道理，在家长控制孩子爱玩这个问题上同样适用。爱玩是孩子的天性，家长堵是堵不过来的。就算能够堵得过来，家长所采取的强制措施，也会给孩子造成不小的伤害。与其采取堵的方式两败俱伤，不如采取疏的方式，对孩子善加引导——引导孩子玩儿出名堂。

这句话怎么理解呢？看一看我身边的一位家长是怎么做的，或

许你就会明白了。

这位家长是一位大学老师，他一直倡导快乐教育，因此他从不强迫孩子学习，而是引导孩子在游戏的状态中学习。例如，为了促使孩子更准确、更多地掌握成语，他为孩子策划了一个赛车游戏。父子俩一人拿一辆玩具小车：他使劲儿一推，小车直奔前方，他得意地说："我遥遥领先。"孩子也猛推一下自己的小车说："我后来居上。"他再一推，说："我奋起直追。"孩子再一推，说："你已无能为力。"他只得"认输"说："哎呀，你的车风驰电掣，我望尘莫及呀！"……每次玩儿的时候，成语都翻新，为了不输给爸爸，孩子只得拿着成语辞典偷偷"充电"，也正因为如此，孩子对语文这一学科的学习充满了浓厚的兴趣，一天不看书，一天不学一个新成语，就觉得心里痒痒。

一天不玩儿，孩子都会觉得心里痒痒，但一天不学习，大多数孩子却不会有太大的感觉。所以，要想让孩子从"玩"中"学"，家长就要学会制造孩子的学习饥渴感，即，如果一天不学习，就让孩子觉得心里痒痒。

上述这位家长的做法就值得所有小学阶段孩子的家长学习。对于这些年龄不大的孩子来说，什么样的事情最值得他们期待？当然是有意思的事情了。所以，家长经常把学习与有意思的游戏结合在一起，就等于有意制造孩子的学习饥渴感。当他们对学习也抱有很大期待时，说明他们已经像渴望"玩"一样渴望"学"了。

这样的方式都有哪些呢？我大致总结了几点：

◆用开小卖部的游戏，锻炼孩子的数学运算能力；

◆用给外国人指路的游戏，锻炼孩子的英语表达能力；

◆用成语接龙的游戏，来激发孩子学习语文的渴望。

我一直相信这样一点：每一个孩子，都是一块未经雕琢的璞玉，只要家长肯花一些心思，对孩子善加引导，每一个孩子都能成为天才。

第四章

和孩子的老师
高效沟通的六种方法

引语

每当接手一个新的班级之后，我都会召开一次家长会，在家长会上，我一定会提到的一点就是——家长一定要配合好老师的工作。

而每每听到我的话，总会有一些家长说：

“孩子交给您，我们放心，该怎么管就怎么管，我们没有意见！”

“老师，平时我们工作都挺忙的，孩子的事儿，您就多费费心。”

“这孩子我了解，不会出什么大岔子，平时老师多关照他一点儿，指定没问题。”

……

面对家长们这样的说法，我常常会严肃地告诉他们：“如果你不想自己的孩子在今后的学习过程中落在别人后面，就不能推卸作为家长的责任。”

的确，教育是一项长期而艰巨的任务，单靠学校一方，或者单靠家长一方都不能圆满完成这项任务，只有双方合作，互通消息，及时掌握孩子的动态，才能对孩子在每一阶段的状况有一个精准的把握，保证孩子在学习过程中朝着正确的方向迈进。

说到这里我想起了一位同事的话：“作为老师我们只有一双眼睛，但是全班却有好几十个孩子，我们不可能每时每刻都盯着一个孩子去看他出现了什么异样。而家长则不同，家长一双眼睛只需要盯一个孩子，孩子有任何一点儿变化，都无法逃过家长的眼睛……”

说到这里，家长是不是已经意识到了自己肩上到底有多重的责任？是不是也已经意识到了和老师沟通的重要性？

如果是的话，那很好。在这里，我还可以告诉你一些技巧，保证你和老师的沟通更加有效：

◆家长要主动和老师联系；

◆不要对老师怀有成见；

◆针对孩子身上出现的问题向老师请教；

◆掌握好与老师沟通的时机；

◆和老师谈起自己的孩子时要有策略；

◆做好老师与孩子之间的中间人。

家长把握好这些与老师沟通的要点，就能保证家校联合教育工作达到双方都满意的效果。

1 家长要主动和老师联系

在和身边的家长提起家校沟通的重要性时，经常会有家长向我抱怨："我们也知道经常和老师沟通对孩子的学习、成长有好处，我们也有很多问题想向孩子的老师请教，但老师却总不去我家家访，我也没有办法啊！"

每当听到家长们这样的言论，我都会反问他们："老师不去你家家访，你为什么不到学校'校访'呢？"

当了多年的班主任，我深知家访的重要性：主动与学生家长取得联系、互通情况，有利于学校与家庭共同配合，把孩子教育好。但现实的情况是，一个班至少有几十个学生，班主任既要管理班级，做好学生的思想工作，又要备课，有时还要兼教其他班的课程，时间和精力是有限的，经常到每个学生家中进行家访是不可能的。所以，大多数班主任只对后进生或"问题"学生家访，或是等孩子出现了"问题"才去家访。如此看来，为了避免孩子出现"问题"，防微杜渐，家长主动"校访"是很有必要的。

其实，只要能安排出时间，家长大可到学校走一趟，主动了解孩子在校的情况，这不仅可以引起老师对孩子的关注，而且还能给孩子带来很大的积极影响。

我曾在多个小学的班级中做过这样的调查：你如何看待家长的"校访"？结果显示，很多孩子都希望自己的家长经常来学校，他们认为，家长常来学校了解自己的情况，是对自己关心的一种表现。在调查的过程中，一位三年级的孩子甚至还向我抱怨："看到同学的爸爸妈妈常来学校，我非常羡慕。我的爸爸妈妈对我一点儿也不关心，即使有空也不来。”当孩子觉得家长对自己不够关心和重视时，他们是很容易自暴自弃的，所以，从孩子的心理健康、成长方面考虑，家长也应该勤于校访。

那么在什么情况下，家长最适宜“校访”呢？

作为老师，我觉得家长在以下两种情况下应该及时到学校与老师沟通：

◇ 方法一：孩子情绪出现异常时，家长要及时“校访”

孩子的情绪有异常表现时，如脾气突然很暴躁、经常莫名其妙地哭泣……家长要及时“校访”。小学阶段孩子的年龄小、阅历浅、自控能力差，往往一件小事甚至他人一句不中听的话就会使他们的情绪发生异常。面对这些情况，很多孩子能够很快平静下来，但仍有不少孩子的异常情绪会持续很久，这常常会对他们的思想、学习等造成很大的负面影响，甚至会导致孩子做出一些离谱的事情来。所以，一旦发现孩子情绪异常，家长应及时与老师沟通，及时帮助孩子排除干扰。

一位五年级孩子的家长分享了她的经验：

平时孩子放学回家都有说有笑，但前几天不但闷闷不乐，甚至连平时最爱看的动画片也引不起她的兴趣。问她原因，她不是转移话题，就是沉默以对。

没有办法，第二天我开车早早送她来到学校，趁机与她的班主任进行了沟通。在沟通的过程中我才知道，女儿遇到了大难题——班上有个男生给她写了一封情书，她不知道该怎么办。

了解了这一情况之后，我与她的班主任合作，巧妙地给她做了思想工作，最终，女儿能够理智而平淡地看待这件事情了。

在小学阶段，引起孩子情绪异常的事情一般都发生在学校，如与同学发生矛盾、遭到老师的批评、收到异性的情书等。如果家长及时地与老师进行沟通，便很容易找到孩子情绪变化的根本原因，从而能够针对具体问题，给孩子提供最及时的帮助。

很多家长常常说自己忙，没有时间“校访”，上述这位家长的做法就为所有的家长提供了借鉴。其实，利用早晨的一点儿时间就能与老师进行及时、有效的沟通。

◇ 方法二：家长出远门前，应该进行一次“校访”

在教学的过程中，我发现了这样一种怪现象：那些成绩不好的孩子，或是经常出问题的孩子，很多都是爸爸或妈妈经常不在家的孩子。

为什么会出现这种怪现象呢?

经过仔细分析，我觉得这与家长对孩子教育的忽视有很大的关系。父母中的一方经常不在家，另一方既要忙家务，又要教育孩子，常常会表现得有些力不从心，甚至还会降低对孩子的要求。这会促使孩子的自控力下降，从而使他们放纵自己的坏行为或坏习惯。

但如果经常外出的家长在出门之前或回来之后，能够进行一次“校访”，这样即使家长不经常在家，孩子也会产生这样的想法：“爸爸（妈妈）是关注我的，我一定要好好表现!”这实际上就在无意中提高了孩子对自己的要求，并能增强他们的自控能力。

总之，为了孩子的健康成长，做好家校联合工作，家长与其消极地等待老师家访，不如积极地去“校访”。

2 不要对老师怀有成见

前段时间和一位邻居聊到了孩子的教育问题，邻居不胜感慨地说："孩子最近一段时间学习特别不在状态，真不知道他到底是怎么了。"

看着邻居一脸的担忧，我不禁问道："你发觉孩子不对劲儿，有没有跟孩子的老师好好沟通一下呢？"

听了我的话，邻居愣了一下，接着苦笑道："孩子的老师是出了名的严师，总是不苟言笑，说实话，我还真怕和他打交道。"

的确，现实生活当中，和我的这位邻居一样，因为对老师存在某种偏见而不愿意与老师打交道的家长并不在少数。例如：

因为老师跟家长沟通的不多，家长由此认为老师对孩子不负责任，进而不愿意主动去找老师交流；

因为老师经常向家长反映问题，家长由此认为老师对孩子有成见，进而回避老师的"召见"；

因为老师对孩子比较严厉，家长由此觉得老师不好说话，和老师沟通时常常是"三缄其口"；

……

我们可以设想一下，如果家长对老师存有成见，孩子也会因为家长的成见而对老师心存芥蒂。此后，孩子还可能会学得好，变得优秀吗？答案不用我说，各位家长心里也是清楚的。

我就认识一位家长，因为他对老师有成见，进而不愿意和老师沟通，导致孩子最终与优秀无缘：

当孩子的老师跟家长说，孩子上课总是捣乱，不遵守课堂纪律时，这位家长不但没有好好找一找孩子身上的原因，反而觉得自己的孩子挺好，老师这么说，是看孩子不顺眼，是故意针对孩子，所以对老师的话也并未往心里去，孩子身上的那些毛病也就没能及时得到纠正。久而久之，老师对孩子失去了信心，孩子也就真的无可救药了。

作为老师，同时作为一名家长，我很理解家长在听到老师对孩子的负面评价时的心情。在父母的心目中，自己的孩子总是好的，就算意见是老师提出来的，只要家长觉得不中听、不受用，也可能会将这些意见当成耳旁风。

但是，我却不得不请家长认清这样一点：作为一个成长中的孩子，身上有这样那样的问题都是很正常的，而每一个老师也大多是本着对孩子负责的态度向家长反映孩子身上的问题。如果家长因为对老师有成见，而对老师的意见置若罔闻，那么最终受害的只会是孩子。

正是因为如此，我才会一直跟家长们说："在家校联合教育过程中，家长千万不能对老师怀有成见。"

◎ 方法一：理智看待老师对孩子的批评

曾经在一个教育论坛上看到过这样一篇帖子，带给我很多启示：

现在的孩子一般都是独生子女，在家里娇生惯养，受不了一点儿委屈，在学校里被老师批评一下，回家就会向家长大吐苦水，说一堆老师的坏话。家长若是能够对事情公正看待还好，可能会找老师了解一下事情的来龙去脉；家长若是一味听信孩子的话，不仅不会重视孩子身上出现的问题，反而可能会误解老师，怪老师对他们的孩子太过苛责、照顾不周……

身为老师，我很了解，大多数老师是能够做到对每一个孩子认真负责的，之所以会批评孩子，也多是因为孩子身上出现了某些问题、犯了某些错误。如果家长一味听信孩子的话，就可能会偏听偏信，认识不到孩子身上存在的那些问题，进而不能及时帮助孩子纠正，这对孩子的长久发展而言，显然是不利的。

所以，从这个层面上说，家长在得知孩子被老师批评之后，首先要做的不是去埋怨老师、怪罪老师，而是要冷静、理智地分析孩子身上是否有老师所提到的那些问题。

当然，我们在理智分析之后，可能会得出这样两种截然不同的结论：

其一，孩子身上确实存在老师所提到的问题。那么，家长就要及时和老师沟通，商量一下如何纠正孩子身上的问题；

其二，孩子身上存在某些问题，但并不像老师说的那么严重。这时候，家长就需要好好去了解一下：老师和孩子之间是不是有什么不愉快？是不是产生了误解，进而让老师对孩子有了不好的印象？

面对孩子的教育问题，只有父母足够冷静才不会让偏见蒙蔽了双眼，也只有我们足够冷静，才能对事情进行理智的分析。

◇方法二：不要认为“老师召见，肯定没好事”

我曾经在无意间听到一位家长说过这样的话：“孩子的老师也真是的，为了芝麻绿豆大点儿的事儿三天两头召我去学校。”

听到这样的声音，我不由得暗暗皱起了眉头。不可否认，在现实生活中，有很多家长和上面这位家长一样，对于见老师总是有一种抵触心理。在教学过程中，我也发现了这样一个现象：每当我打电话给家长，请他们来学校就孩子的问题进行交流时，他们总会这样问我：“老师，我家孩子在学校里又犯什么错误了，是不是又给您添麻烦了？”

每每听到这些话，我都无言以对。难道说，老师和家长沟通只能是在孩子出现问题之后吗？当然不是，更多时候，老师除了会就孩子的问题跟家长进行必要的沟通之外，还可能会就孩子今后的发展，孩子在不同时期的学习状况，跟家长进行一些必要的沟通和交流。如果家长心里总是存有“老师召见，肯定没好事”的想法，逃避与老师沟通，就很有可能耽误孩子今后的发展。

一位同事就曾遗憾地对我说起这样一位家长：

我班上有一个孩子虽然平时很顽劣，但在数学学习方面却很有天赋，所以，我想请这位家长来学校当面谈一谈孩子的情况。可是让我没想到的是，第二天一早她就让孩子转告我说她有事情那天来不了。随后几次，我打电话给她，她也是支支吾吾，推脱说自己工作忙，没时间来学校，还对我说，孩子要有什么问题，我们老师看着办就行。

其实，那天找她来不为别的，只是因为有几位任课老师认为这个孩子很有潜力，只是有一些习惯不好，希望找家长协商一下怎么培养这个孩子让他能进入重点中学。然而，这位家长似乎对此并不上心，我们的一番好意成了一厢情愿……

如果你是例子中的家长，在看到这最后的结果之后，会想些什么呢？是不是会后悔自己没能及早与老师沟通，是不是会为自己的自作聪明感到惋惜？

老师请家长到学校，很多时候不一定是孩子出了问题，很可能是孩子某些方面很出众，老师想和家长商量一下如何对其进行重点培养。如果家长不能以正确的心态去面对老师，那么双方的沟通和交流就可能陷入僵局，就很难使家校形成合力，无法促使孩子更快地成长。

3 有目的地与老师沟通

在一次家长会上，我问了在座家长们这样一个问题：“家长在与老师沟通时，是否知道要重点谈些什么？”

很多家长对我提出的这个问题感到茫然，纷纷表示：在他们和老师沟通的过程中，主动权始终掌握在老师手里，老师说什么，他们就听什么，很少会想到自己也需要主动跟老师谈点儿什么。

当我们做事没有一定的方向、目的的时候，做事的效率往往就会大打折扣。家长与老师的沟通也是如此，如果家长对老师所要谈的内容没有一个准确的把握，完完全全充当了听众，那么，在和老师进行沟通交流的过程中，也就很难提出对孩子的教育有价值的意见。

家校联合教育，需要家长与学校双方共同努力，时刻对孩子给予关注，能够及时发现孩子的问题，将所有可能阻碍孩子优秀的不利因素扼杀在萌芽状态。家长作为与孩子最为亲近的人，与老师相比显然更具备发现孩子身上不足和问题的条件。

首先，就像我在本章开篇所说的那样，家长的一双眼睛只需要盯着自己的孩子就好，孩子有任何异样的表现都难逃家长的眼睛。

其次，家长是最了解孩子的人，对孩子的脾气、性格都摸得很透，针对孩子的个性特征，与老师商量出相应的解决方法，就会很快见成效。

所以，在与老师沟通的过程中，不仅要当一个虔诚的听众，还要积极地参与到与老师的互动当中去，说出你对孩子的观察结果，提出你的意见和看法，有针对性和目的性地跟老师沟通。

◇方法一：一次提出一个问题

与老师沟通时，很多家长都喜欢无话不谈，他们认为，只有这样才能让老师更多地了解孩子。

我就曾经遇到过这样一个家长：

见到我后，他一会儿说："这孩子愁死人了，贪玩得要命，就是不肯学习。"一会儿又说，"这孩子爱忘事，老师布置的作业、交代的事情，回家就忘得一干二净。"我还没反应过来，家长又开始抱怨孩子越大越不好管教，老喜欢和家长对着干……这位家长东一句西一句地说着孩子身上的问题，我却被他弄蒙了，不知道他到底想要我帮着解决孩子哪方面的问题。

作为老师，我想告诉家长们的是，老师有义务接待每一位家长，帮助每一位家长解决问题，但老师的时间和精力也是非常有限的，每一位老师都不可能陪家长聊太久。

所以，家长与老师交谈，最好做到有目的而来，想好要谈些什么、解决些什么问题，一次提出一个问题，不要漫天撒网，东一榔头，西一棒槌，让老师生出找不着北的感觉。比如，认清孩子的问题是不认真完成作业、学习没计划还是上课不在状态……刚开始就就事论事，直奔主题，这样才有利于老师了解家长的来意，从而更加深入地帮助家长分析问题、解决问题，而不是无端地浪费双方的时间，自己也无功而返。

◇方法二：既要说出孩子的进步，又要点出孩子的不足

如果家长总是在老师面前数落孩子的不是，老师也会渐渐对孩子生出几分不好的印象。所以，家长在和老师沟通的时候，一定要记着，不能总是抱怨孩子的不是，而是既要说出孩子的进步，又要点出孩子的不足。

一位聪明的家长在和老师沟通时是这样做的：

每当要去学校见老师之前，这位家长都会做充分的准备：把孩

子最近一段时间的表现写到一张纸上，孩子有哪些进步，有哪些不足，都清清楚楚地写下来，做到心里有数。

在和老师交流的过程中，家长就会把孩子最近的情况向老师反映一下——有哪些状况是需要老师帮忙注意的，有哪些情况是值得欣喜的。

这样家长既说出了孩子的优势，又说出了孩子的不足，老师对孩子的认识也会更加全面，哪些方面可以对孩子放心，哪些方面需要对孩子费心思……从而做到在对孩子实施帮助时方向更明确。

各位不知道该如何与老师沟通的家长，不妨也向例子中的家长学一学，将孩子的进步和不足随时记录下来，并不时地进行总结，做到对孩子的情况了如指掌。当你再和老师沟通交流的时候，也就能尽量避免只对孩子抱怨不休的情况发生了。

◎ 方法三：和老师一起讨论怎样更有利于孩子今后的发展

家校联合的目的是什么？那就是让孩子能够更加优秀，能够拥有一个美好的未来。

所以，在家长和老师交流沟通的过程中一个必谈的话题就是“如何做才能更有利于孩子今后的发展”。

说起这个话题，我想起了一位家长的做法：

每当和老师在一起就孩子的问题进行交流时，这位家长都会问一个问题：“在孩子这一阶段的学习过程中，需要我们家长做些什么？”

因为每次和老师交流都要隔一段时间，孩子本身的学习状况也总会有这样那样的变化，所以，每一次这位家长都会得到老师不同的回答。比如说，在某一阶段，要做好孩子的心理辅导工作；在某一阶段，要照顾好孩子的情绪变化；在某个阶段，要帮孩子补习某门功课……面对老师在不同阶段的回答，家长在孩子成长的不同阶段也就会做好相应的家庭教育工作。他的孩子也因为家校教育配合得默契，变得越来越优秀。

家长最大的心愿无疑就是自己的孩子能够优秀。如何才能保证自己的孩子能够优秀呢？那就是要通过和老师的沟通，把握孩子在学校的动向，做好家长该做的事。如果家长还是不清楚究竟该怎么办，可以向例子中的家长学习学习，多问一问老师：“需要我在家庭教育中做些什么？”相信每一个老师都会对这样负责任的家长给予最中肯的建议，和家长一起努力让孩子朝着更加优秀的方向发展。

4 掌握好与老师沟通的时机

那是一次课间休息的时候，一位家长来学校找我，想要向我了解一下孩子的情况。因为课间只有10分钟，所以我和这位家长聊得并不是太多，而且因为心里记挂着去给学生们上课，我的心思也就没有过多地放在与这位家长的谈话中。

看出我的心不在焉，这位家长有些不高兴地对我说："老师，我好不容易抽时间来跟您了解一下孩子的情况，您怎么什么都不跟我说呢?"

听着家长略带怨气的话语，我还真不知道怎么回答是好。的确，家长工作很忙，为了孩子百忙之中抽时间来学校一趟不容易。可是家长忙，老师就不忙了吗？每天备课、上课、批阅作业、关注每个孩子的动向……可以这样说，老师忙的程度一点儿也不比家长弱。正是因为这样，很多时候，家长来学校校访常常会出现扑空的情况。

当然，我能理解家长风尘仆仆而来，却没有见到老师，没有得到自己想要的信息时的失落和不甘。但我更想告诉家长的是，与其扑空的时候心中不甘，不如选准时机再来找老师。

那么，家长与老师沟通的最佳时机都有哪些呢？

一般来讲，家长若能够把握住这样三个时机，就能在与老师沟通的过程中获得自己想要的信息。

◇ 方法一：利用家长会的时机

作为老师，每隔一段时间我都会召开一次家长会，而且对每一次家长会我都非常重视。因此，在课余时间，我花费了不少心思对每一位学生近期的表现进行总结，认真地寻找每位学生身上存在的问题。然而，让我感到失望的是，在家长会现场，很多时候常常是我一个人在唱“独角戏”，我是兴致勃勃，而在座的家长却是应者寥寥。

在感受到家长会的沉闷气氛带给我不愉快的同时，我也深深地为家长们不懂得利用这个与我沟通的大好机会感到惋惜。

的确，平时家长和老师都很忙，难得有坐在一起促膝长谈的机会，家长会无疑给双方提供了这样一个契机。因为老师在召开家长会之前都会做充分的准备工作，对每个孩子的情况都会做充分的总结，对家长可能提及的问题也都做了充分考虑。然而，遗憾的是，很多家长对家长会似乎并不重视，每次参加家长会都像是在例行公事，被动地当着一名听众，即便是老师将发言权交给了家长，家长常常也是支支吾吾说不出个所以然来。

家长会，顾名思义，就是家长、老师关于学生问题的互动活动。如果一场家长会中总是老师唱独角戏，而家长则消极地成为一个看客，这样的家长会显然失去了它该有的意义。

所以，在和身边家长交流的过程中，我总会告诉家长：把握住家长会上与老师沟通交流的时机，将家校双方的工作做到位，你就能培养出一个优秀的孩子。

对此，一位懂得利用家长会时机与老师沟通的家长可谓是受益匪浅：

身边很多家长都夸奖我家的孩子优秀，让人省心，问我有什么教育孩子的秘诀。其实，这个秘诀很简单，就是在开家长会的时候多问一问老师孩子的状况，多和老师交流罢了。每次开家长会时，我都会问一问老师：孩子的近况如何？有没有出现什么问题？

在得到老师详细准确的回答后，在家庭教育中，我也就能保证不盲目、不被动，为孩子的优秀保驾护航。

其实，家长想要对孩子每一阶段的学习、成长进行精准的把脉很简单，只要能在家长会的时候畅所欲言就行。此外，由于在家长会上还会有其他家长参加，只要你的问题是大家所关心的，老师以及在座的每位家长都会积极地参与到你的问题讨论中来，为你答疑解惑，进而为孩子今后的发展提供帮助。

◇ 方法二：利用节假日的时机

我经常会建议家长：利用节假日的时机跟老师好好沟通一下。

每当我说到这一点时，有些家长就会有这样的顾虑："节假日，老师好不容易休息，我要是去打扰老师，那多不好意思。"

家长的这层顾虑，让我心里感到很温暖。的确，好不容易盼来的假日，每个人都想要好好休息一下。但是，我还想让家长知道，作为一名老师，将孩子教育成才始终是我们放在心里的头等大事。只要家长能主动找老师，而且，老师又不忙的话，他们并不会介怀你去打扰他们。相反，他们还会很乐意跟你讨论一些关于孩子的教育问题呢！

一位家长就曾说起过在节假日与老师沟通的经验：

每当周末或是假日到来时，我都会给孩子的班主任发条短信或是打个电话问声好，然后再在电话中问问孩子的情况，如果当天老师正好不忙，没什么事情，我就会亲自登门造访，和老师做进一步交谈。通过这样的沟通交流，我对孩子的学习情况可以说是了如指掌，在家里对其实施教育的时候，也就能做到有的放矢。

看过这位家长的经验之谈，我们可以发现，其实在节假日找老师谈一谈是很简单的事情。发个短信、打个电话，跟老师约个时间，在不受时间限制的交流中，双方的沟通往往能达到极佳的状态，讨论出对孩子最有利的教育方法。

◇ 方法三：看看孩子的课程表，找老师空闲的时间

作为老师，我经常会遭遇到这样的尴尬情况：课间的时候，家长到办公室向我了解情况。

每当这个时候，我都颇感为难：跟家长说得多了，势必会耽误我给孩子们上课；跟家长说得少了，家长又会觉得我在敷衍他们。

虽然我对家长的来访很欢迎，但是家长来的时机不对，却会让我感到有些措手不及。很显然，课间这段时间并不是家长与老师沟通的最佳时机。

既然这样，家长什么时候找老师了解孩子的情况才合适呢？看看孩子的课程表，找老师空闲的时间。

对此，我班上有一位家长做得很好：

当我给孩子们上完所有的课之后，这位学生家长有时会在办公室门口等我，然后随我一道出门。他一边和我寒暄，一边向我询问孩子的近况。因为一天的课都上完了，我的身心会随之放松下来，和家长的聊天就能更深入。

在多次这样聊天的过程中，这位家长也就能做到对孩子的学习情况心里有数，进而对孩子身上所出现的状况采取相应的措施，控制孩子在学习过程中出现的问题。

如果家长朋友们还在为不知道何时去找老师沟通而烦恼，不妨向例子中的家长借鉴一下经验：看看孩子的课程表，找老师空闲的时间和老师沟通。相信每一位对孩子负责任的老师，都会对你的来访热忱相待，都会和你认真仔细地就孩子的教育问题，好好交流一番。

5 和老师沟通时需要注意的事项

记得有同事曾说："现在的家长真是容易走极端，有的家长一说起自己的孩子，就恨不得把孩子捧到天上去，他的孩子浑身都是优点；而有的家长一说起孩子，则是一副恨铁不成钢的架势，好像孩子就真的一无是处……"

的确，在我多年与家长们接触的过程中，我也发现了这样几种现象：

有的家长平时总不跟老师联系，只有他的孩子出现问题了，才会火急火燎地跑来学校问我："我的孩子不是挺优秀的嘛，怎么可能出问题呢？"

有的家长和老师联系还算频繁，每次和老师一说起孩子，经常会说的一句话就是："我这孩子真是让人头疼，老师您得多费费心。"

每每看到家长们或者疑惑，或者焦虑的表情，我都会毫不客气地问家长："如果你没有真正和老师保持沟通，你又怎么能清楚你的孩子在每一个阶段到底是优秀还是不优秀呢？"

家长和老师的有效沟通是家校联合教育的一座桥梁，如果家长总是一厢情愿地认为自己的孩子是好的或者是差的，而不去向老师了解情况，那么家长在对孩子进行家庭教育的过程中，就会陷入一个认识盲区，不能及时地了解孩子身上出现的问题，不能及时了解孩子的学习情况，进而导致很多家庭教育工作做不到位。

曾经就有一位家长向我抱怨：

从上小学一年级开始，我的孩子成绩就很不错，我以为这孩子不用我们操心呢。可是事实却并不像我想象的这么简单，孩子升入高年级之后，成绩波动很大，起伏不定，望着孩子过山车一样忽上忽下的成绩，我傻眼了——问题到底出在了哪里呢？

听着家长的质疑和抱怨，我告诉了她这样一句话：问题不在别处，只在于你对孩子过于自信，忽略了跟老师进行必要的沟通。

没错，现实生活中，很多家长因为对与老师沟通这个问题认识不清，而走进了一些沟通的误区。就像我在例子中提到的那位家长，因为对孩子过于自信，忽视了日常与老师的沟通交流，结果她无法清楚地知道孩子在学校的点滴变化，一旦孩子身上的问题越积越多，家长再想要插手帮助孩子，就会困难很多。

正因为这样，我经常会告诫一些家长，在和老师沟通的过程中，一定要注意这样几个问题：

第一，无论你的孩子是优秀的还是不优秀的，都要时刻和老师保持沟通。

第二，以正确的心态对待老师的意见。

第三，和老师沟通时，避免让孩子知道。

◇ 方法一：不管孩子是否优秀，都要和老师保持沟通

通常情况下，老师找家长，找的都是那些在学校出现问题的孩子的家长，如果孩子在一学期内都没出什么状况，老师基本不会主动和父母联系。正因为如此，许多父母往往形成了这样一种认识：只有在孩子出现问题的时候才有必要找老师，如果孩子在学校表现优秀，父母就不需要找老师沟通了。

其实，这样的想法是非常危险的。作为一名老师，我很清楚，好学生的父母也要主动和老师沟通。孩子成绩好，做父母的固然会轻松很多，但事实上，孩子们的成长并不像我们想象的那么一帆风顺，好孩子也不一定百分之百让人省心。就拿我在前面提到的那个事例来说，孩子在小学低年级的时候，成绩一直很好，但这并不代表孩子就能一直保持下去。学习成长的道路总是不平坦的，家长若

是不能及时地和老师保持沟通，及时地捕捉孩子身上出现的状况，就可能会使孩子身上的问题越积越多，最终束手无策。

所以，在这里，我要再一次告诫家长朋友：无论你的孩子是好还是差，都要主动和老师沟通。如果你的孩子是好学生，你可以和老师聊一聊，看看在哪些方面可以帮助孩子提升，免得孩子走弯路，你还可以和老师沟通，看看是否能给孩子开开小灶；如果你的孩子身上出现了这样那样的问题，你可以询问一下老师：孩子最近情绪是否有什么不对的地方？孩子最近的表现有哪些让人不满意的地方？

清楚地掌握孩子的状况，家长才能做好家庭教育中的掌舵人，保证孩子朝着阳光健康的方向发展。

◎方法二：以正确的心态同老师沟通

在教学的过程中我发现，每次请家长来校沟通时，家长们一般都会有这样两种表现：

一种是当老师指出孩子的一些问题时，家长不仅不能正视，和老师商讨解决办法，反而一味地否认问题，不断跟老师说孩子的优点。

这让我想起了前段时间和一位家长谈话时的一幕：

这位家长的孩子，是一个聪明但有些调皮捣蛋的男孩，在语文写作方面很有天赋，如果家长能和我一起努力引导孩子将心思用在写作上，这个男孩的语文成绩将会提升一个档次。

在向这位家长转达我的意思时，我先是肯定了孩子的某些天分，家长听到后看起来很高兴，紧接着我又委婉地说出了孩子的不足。岂料我的话音刚落，这位家长就急着分辩道："我家的孩子聪明，这点儿小毛病，应该不会对他造成影响吧？"

面对家长的询问，我真有些无言以对。如果这毛病对孩子不构成影响，我还有找家长谈话的必要吗？老师会和家长聊起孩子身上的问题，大多是因为这些问题对孩子的发展造成了消极的影响，会阻碍孩子的成长。可现实却是，很多家长对于老师提出的问题，没有引起足够的重视，一旦听到老师说孩子的不好，就会急忙为自己的孩子辩护，生怕老师会对自己的孩子留下不好的印象。

其实，家长大可不必如此，每一位老师对待孩子都是公正的，即使孩子身上真的存在什么问题，老师也会本着帮助孩子解决问题的心态，和家长进行沟通，而不是在家长面前挑剔孩子的不是。所以，家长这个时候最该做的，不是忙着为孩子辩护，而是和老师一起商量究竟该怎么做才能帮到孩子。

另一种表现是对老师毕恭毕敬。无论老师说什么，他们都点头称是；有时甚至老师说错了，他们也不会指出来……对此，大多数家长的理由是："做家长的千万不能得罪老师，如果家长得罪了老师，老师会更加冷落孩子或是报复孩子。"

其实，家长们的这种想法有点儿"小看"老师了，大多数老师都不会这样小肚鸡肠。请家长到学校，与家长沟通之前，我一般都会提前向家长声明：如果我的观点有不对之处，欢迎家长们指出；家长有不对之处，我也会及时指出。因为这种坦诚的态度不但有利于家长与老师之间的深入沟通，而且还有利于帮助孩子解决实际问题。

◈ 方法三：家长与老师沟通不要让孩子知道

一位家长曾苦恼地对我说："孩子特别怕我到学校去找班主任，每次我说要去学校，他都想方设法地阻止我，我只好偷偷地去。我很矛盾，家长跟老师交流，应不应该让孩子知道？"

这位家长的困惑估计很多家长都会有，那么家长去找老师到底该不该瞒着孩子呢？根据我以往的经验，我认为家长最好不要让孩子知道。

为什么这么说呢？小学阶段的孩子虽然还小，但却已经具备了一定的自尊、自我意识，他们非常害怕家长在向老师了解情况的时候，被老师“告状”。即便是非常优秀的孩子，也会对家长与老师的“会晤”有些发怵，觉得双方一旦接触，自己的缺点就会无处遁形，心里有些七上八下。优秀的孩子尚且如此，那些不是很优秀的孩子心里会有多忐忑，我们也就能感知一二了。

一位家长就曾犯过这样的错误，给我们以警醒：

有一次我去拜访孩子的老师，回来后将这件事告诉了孩子，没想到孩子还没听我说完，就跟我翻了脸，说他恨我这种喜欢找老师告状的家长。我简直百口莫辩，一再跟孩子解释只是去了解了解情况，可孩子根本就听不进去。

家长去找老师，只是希望能够和老师互通孩子的信息，共同把孩子教育得更好，但孩子可不这样认为，他原本相信父母会时时刻刻跟他站在一起，而一旦知道父母去找老师谈话，他就会认为父母背叛了自己，父母的行为是在向老师告密。孩子的心里有了疙瘩，不仅会影响他的学习状态，还可能影响他的成长。所以，从这个意义上说，家长找老师沟通的时候，最好不要让孩子知道。

6 做好老师与孩子的中间人

孩子每天除了吃饭、睡觉，大部分时间都在学校，接触最多的人除了家长，就是老师。如果老师和孩子之间有了误会，那么受影响最大的无疑就是孩子。

所以，家长作为连结孩子与老师的纽带，一项细微却重要的任务就是维护老师与孩子之间的关系，做好孩子和老师的中间人。

具体来说，该怎么做呢？

根据我多年的教学经验，我总结了以下几点：

第一，不要在孩子面前数落老师的不是；

第二，要多在孩子面前提老师对他的正面评价；

第三，要拜托老师多鼓励孩子；

第四，要请老师多提问孩子。

◇ 方法一：不要在孩子面前数落老师的不是

有一些家长喜欢在与老师谈话过后，“点评”孩子的老师：

“某某老师特别无能，连一个班都管不好。”

“某某老师真不负责任，对班上的事儿怎么能不管不问呢！”

“某某老师太严肃，老是板着一张脸。”

……

或许，正如家长所言，某些老师身上确实存在这些问题，但是，你可曾想过，当你这样毫无顾忌地在孩子面前“点评”孩子的老师时，孩子将会受到怎样的影响？让我告诉你吧，孩子会在你的评价声中对老师产生与你一样的认知，进而对老师不信任，不服气，不再心甘情愿地听从老师的教导。孩子这样做，最后受害的是谁呢？

我们不妨一起来看一看在我教学过程中发生的一个真实例子：

有一段时间，班上一个成绩不错的男孩忽然退步了很多。看着孩子的成绩单，我迷茫了，现在的课业难度又不是很大，孩子的成绩怎么会出现这么大的起伏呢？怀着疑问，我找来了孩子，在和孩子一起分析成绩单的时候，我发现孩子之所以会退步，原因就在于他的数学成绩急转直下。看到这里，我问他："数学成绩怎么会下降这么多？"

孩子支吾了片刻，红着脸说："我听爸爸说，刚换的数学老师教学水平不怎么样，我就想，反正他讲的课也不怎么样，我就没有听的必要了，回家自己看也是一样的……"

听孩子说完，我沉默了很久。导致孩子成绩下降的罪魁祸首是谁呢？是家长。

小学阶段的孩子还不会辩证地看待一个人或一件事。如果从别人口中得知某个人有缺点，他们不用直接与这个人接触，就会在心中直接把这个人定位成"坏人"，并以对待"坏人"的方式对待他。同样的道理，如果孩子经常听到家长讲老师的"坏话"，他们很自然就会对老师产生反感。

每位家长肯定都不想因为自己一句随意的话而打击孩子对某一科目的学习热情，所以，明智的家长从不向孩子传达有关老师的负面信息，而是有意识地向孩子传达积极的信息。例如，不管是对孩子还是对周围人，他们都会说：

"听说这位老师教学能力很强，他所教的班升学率是最高的！"

"这位老师为人诚恳，肯定是一位尽心尽力的老师！"

◎ 方法二：多说老师对孩子的正面评价

曾经有位任课老师一脸沮丧地找到我说："班上有个孩子挺聪明的，我认为他是学习的好苗子，一心想要栽培他。可让我没想到的是，这孩子对我非常抵触，见了我就跟见了仇人似的，真不知道这孩子到底怎么回事儿！"

听完这位老师的话，我也是百思不得其解：老师对孩子格外关注，孩子怎么会对老师有这么强的抵触情绪呢？

课下，我找来了这个孩子，就任课老师提到的问题跟他好好谈了谈。在综合了孩子的话与任课老师的话之后，我终于清楚了孩子排斥老师的原因所在。

原来，那位任课老师在发现了孩子的学习潜力之后，跟孩子的家长有过一番谈话，在谈话过程中任课老师先是指出了孩子的优势，接着又对家长说了孩子身上存在的某些不足。可是，家长在跟孩子说起老师对他的评价时，却避重就轻，光是捡出孩子的不足唠叨不休。孩子听家长唠叨得多了，在对家长感到厌烦的同时，对任课老师也有了不好的印象。

了解到这些原因之后，我真不知道该如何说那位家长好。作为老师，我很理解很多家长的想法：孩子优秀固然是好，但若是家长一味地去夸奖孩子的优秀，孩子会生出骄傲自满之心。

正是因为有了这样的想法，为数不少的家长在孩子面前说起老师对他的评价时，经常会剑走偏锋，光说老师对孩子不足的评价，而对老师对孩子的正面评价闭口不谈。

家长这样的做法会造成什么样的结果呢？以我多年跟孩子们接触的经验来看，无外乎有这样两种：

其一，家长在孩子耳边不断重复其不足，打击了孩子学习的积极性，影响孩子的学习情绪与学习状态；

其二，孩子在反复听到老师对自己不好的评价之后，就会对老师心存芥蒂，从而不配合老师的教学工作，影响听课质量。

无论从哪一点考虑，家长在孩子面前经常提起老师对他的负面评价都是不明智的。家长要想防止自己的孩子骄傲自满，需要做的很简单，只要改变夸奖他的方式就可以，没有必要用诸多的负面评价来打击孩子学习的积极性、影响老师在其心目中的地位。

那么，这些既能呵护孩子的积极性，又能防止孩子骄傲自满的方式有哪些呢？我大致举几个例子供家长参考一下：

◆多夸奖孩子的进步，而不是指责他的不足；

◆多肯定孩子的努力，而不是强调他的聪明；

◆多说说老师对他的鼓励，而不是强调老师对他的不满。

◎方法三：请老师多鼓励孩子

在跟孩子们多年的接触过程中，我发现老师对孩子的影响是深远的，很多孩子因为受到老师的鼓励，学习的积极性也随之高涨，进而取得巨大的进步，赢得优异的成绩；而有些孩子则因为被老师忽视，学习的积极性不强，学习动力也会不足。

在教学过程中，我就经常使用鼓励这个法宝：

女孩娟娟上课时表现得很不自信，经常会不自觉地低下头。于是，上课的时候，我就常常用鼓励的目光去看她，给她提一些简单的问题，夸奖她、鼓励她……时间久了，娟娟渐渐变得自信起来，变得越来越活跃了。

男孩洋洋是个调皮大王，经常把班里弄得乌烟瘴气，但我发现洋洋特别热心，总是喜欢帮助那些比他弱小的同学。于是，我总时不时地在班上表扬他乐于助人，是个懂事的好孩子。在我的夸奖声中，洋洋调皮捣蛋的行为也渐渐有所收敛。

看到孩子们这样的变化，家长们是不是感到很神奇？看起来问题不小的孩子，在老师的鼓励下，真的会有这么大的进步吗？

其实，只要家长了解这样一点，对孩子身上出现的变化就不会感到奇怪了：小学阶段的孩子，大多对老师怀有一种敬畏心理，在他们的眼中，老师就是权威的代名词。能够得到老师的肯定和夸奖，对他们来说是一种荣誉，更是一种动力。在这种荣誉和动力的促使下，孩子就会自觉地要求自己朝着更好、更优秀的方向努力。

所以，家长在平时与老师沟通的时候，不妨也请老师多多鼓励一下自己的孩子。

◎方法四：请老师多提问孩子

前段时间一位亲戚打来电话，向我请教一个教育孩子的问题，大体情况是这样的：

孩子在班上的成绩不算好也不算坏，可是最近一段时间却像瀑布一样“飞流直下”。看着孩子成绩出现这么大的波动，亲戚感到很奇怪，于是就找时间跟孩子谈了谈，终于明白了是怎么回事。原来孩子虽然成绩中等，但在课堂上的表现却很积极，经常会主动举手回答问题。然而，因为老师叫他回答的次数不多，孩子耿耿于怀，再上课的时候，也不如原先那么积极了。随着孩子上课积极性下降，成绩也就随之出现了下滑之势。

面对这种情况，亲戚很迷茫：“老师只是没有叫他回答问题而已，这孩子怎么就这么大反应呢？”

作为老师，我很清楚，在课堂上让孩子回答问题会给孩子带来什么。这对于激发孩子的成就感与自信心都有极大的帮助。然而，因为一堂课的时间有限，老师不能为每一个孩子都提供回答问题的机会。大多时候老师所关注的是那些理解能力差一些或者思维反应敏捷一些的孩子。因此，一些成绩中等的孩子就很容易被老师忽视。

同时，小学阶段的孩子，虽然年龄小，却已经具备了极强的表现欲望，在他举起手想要回答问题却被老师“无视”之后，学习积极性受到很大打击，甚至会由此对老师产生排斥和敌视心理。正是因为这样，家长在家庭教育中做好以下两方面的工作就显得尤为重要：

首先，告诉孩子，课堂时间有限，老师要兼顾所有学生，并不是故意不叫他回答问题的，努力帮孩子消除心中的芥蒂。

其次，找老师多沟通交流，请老师尽量给孩子回答问题的机会，帮助孩子提升自信心。

第五章

在家里，应这样与孩子相处与沟通

引语

和身边一些家长接触时，很多人都曾向我表示过这样的困惑：“现在的孩子真是越来越不好相处了，我们说什么都不听，照这样下去，恐怕我们真是没有办法把孩子教育好了！”

每当听到家长如此无奈的叹息声，我都会感到深深的疑惑：教育孩子真的像家长所说的那么难吗？

我看不是。以我多年的教学经验来看，很多家长之所以会感到孩子难以相处，不是因为别的，只是没有掌握与孩子沟通的技巧而已。

孩子虽然还小，却也已经具备了一定的独立思维与意识，如果家长在与孩子相处的过程中，忽视了孩子的感受，忽视了呵护孩子的自尊，那么孩子就会在心里对家长产生不满，进而对家长所要求的事情不予配合，最终影响家庭教育的效果。

的确，教育孩子是一门技术，只有懂得一定的技巧，懂得孩子的心理和想法，才可能达到让我们满意的效果。

1 家长最不该说的几句话

一次家长会后，一位五年级的家长留下来，忧心忡忡地问我："老师，我的孩子成绩老是这么不上不下的，眼看就要上六年级了，就他这水平，还能考上好的中学吗？"

听完这位家长的话，我并没有立刻回答他，而是问了他一句话："你在家中教导孩子的时候，是否也经常向孩子说类似的话呢？"

这位家长愣了一下，不解地问："说是说过，可我也是为了孩子今后的学习好啊，难道说，这有什么不妥吗？"

看家长一脸迷茫的样子，我不得不告诉他，他的做法不仅仅是不妥，更会对孩子今后的发展造成极其不利的影响。

小学阶段的孩子虽然还没有非常清晰的理性思维，但是他们的自我意识、自我评价已经开始形成，可以说此时是他人生中非常重要的一个阶段。如果家长在和孩子相处的过程中，总是用这些消极、负面的言语来评价孩子，孩子心里就会给自己打上"我不行""我就是这样"的标签，久而久之，孩子也就真的学不好了。

在教学过程中，我就曾教过这样一个孩子：

有一段时间，这个孩子上课特别不积极，不是开小差，就是趴在桌子上睡觉。看着孩子这番表现，我很奇怪：以前尽管这个孩子成绩不好，但是在课堂上还能认真听老师讲课，怎么现在倒变成了这个样子呢？

怀着不解，我找来这个孩子。刚说完我的疑惑，这个孩子就小大人似的叹了一口气，摇着头说："唉，老师，你就别管我了，反正我也是个‘破罐子’，学不好的！”

听着孩子说出这样的话，我心里不由得一惊，连忙问他：“谁说你是‘破罐子’？”

孩子嘟囔道：“爸爸妈妈都这么说。”

这件事之后，我找来了孩子的家长，就孩子的问题和他们好好谈了谈，告诫他们不要对孩子说那样的话，但从后来孩子的表现来看，他们似乎并没有听进我的劝告。孩子在学习中表现得越来越消极，到最后真的“破罐子破摔”了。

不要以为孩子还小，家长就可以想怎么说他就怎么说他。你脱口而出的话语，很容易打击到孩子的自信心，从而导致他的成长道路出现偏差，那时，你想后悔也来不及了。

所以，在这里，我劝告所有的家长，在教育孩子的过程中，千万不要再用那些不该说的话来伤害孩子。

◎ 方法一：不说“像你这个样子，长大后只能去扫大街”

在一次家长会中，我问了家长们这样一个问题：“谁小时候被家长说过‘像你这个样子，长大后只能去扫大街’这类话？”有一半的家长举起了手。

我继续问他们：“谁对自己的孩子也说过这样的话？”

虽然举手的家长明显减少了，但从他们不自然的表情中，我能看得出，他们中的大多数都曾对孩子说过类似的话。

我问那些同时举过两次手的家长：“自己身受其害，为什么还用这样的话来伤害孩子？”

家长们告诉我：“我本意不想伤害孩子，只想用类似的话来激发孩子的上进心。”

“那结果如何呢？”

家长们都低下了头。

作为老师，同时也作为家长，我知道上进心对于孩子成长的重要性。拥有了上进心，不用家长频繁提醒，他们就会主动去改正坏习惯；具备了上进心，不用家长催促，孩子就会主动完成作业、寻找最适合自己的学习方法……但与此同时，我不得不提醒家长们一句：大多数孩子的上进心都是家长用心培养出来的，而不是通过盲目的刺激激发出来的。

对于一些孩子来说，家长的“刺激性”言语也许会使他们产生一丝上进的欲望，但对大部分孩子来说，他们的自尊心正处于快速发展阶段，他们的自我评价刚开始萌芽，如果家长不停地对他们说“你将来只能去扫大街”，也许他们真的会以“扫大街”来为自己定位。所以，我经常告诉周围的家长，培养小学阶段孩子的上进心，不宜用“激将法”。

具体来讲，当孩子不思进取时，家长应该如何与他沟通呢？

在办公室闲聊时，一位同事讲述了他的妙计：

我经常故意给班上的孩子们设置一个个较小的目标。例如，如果某次作业没有错误，而且写得很整齐，我就会把他的作业本当成“展览品”，让班上的所有同学都欣赏、学习；如果某个同学真诚地帮助了他人，我就会把他的事迹写进黑板报里，鼓励班上的同学以他为榜样……就这样，每个人几乎都有机会成为众人的榜样。也正因如此，我们班上的每一位同学都积极上进。

同事的妙计为何能激发孩子的上进心呢？

这是因为他给孩子提供了体验成功的机会。心理学研究表明，成功的行动容易使人产生积极上进的情绪，而失败的行动容易使人产生消极退缩的情绪。在小学高年级阶段，大多数孩子都是有上进心的，但他们的上进心却非常脆弱，如果经常遭受挫折、打击，上进心就会减退。但如果能够经常品尝到成功的喜悦，孩子就会给自己设置更高的目标。

就像同事讲述的那样，当孩子因为一次作业没出错误而受到鼓励时，他肯定会在心里默默地对自己说：“下次我要连续两次不出错误”“我要连续三次不出错误”“我要保证整个作业本一次错误也不出”……

孩子的上进心就是在品尝一个个小目标达成后的喜悦中逐渐形成的。所以，在生活中，家长也可以用设置小目标的方法去激发孩子的上进心。例如：面对孩子的成绩问题，家长可以对他说：“这次考试，你的目标是超过排在你前面的那位同学。”当这个目标顺利达成之后，孩子常常就会自己设置更高的目标，渐渐地，孩子就会产生想考第一的欲望了。

◎方法二：不说“我是你老子，你就得听我的”

在小学阶段，亲子之间不易出现激烈的矛盾，所以家长一般不会说出这句话。虽然没从嘴里说出来，但家长的很多行为却无时无刻不在向孩子传达这种信息。相信大多数家长对这样的教育场景都不陌生：

“关掉电视，快去写作业！”还没等孩子反应过来，家长就已经把电视机关掉了；

孩子正在客厅画画，家里来客人了，家长根本没有征求孩子的意见，就一边把水彩笔装在盒子里，一边催促孩子说：“回你自己的房间去画吧！”

……

孩子的年龄不大，但他们也是有自尊心的，尤其是小学高年级的孩子，正处于自尊心快速发展的阶段，如果家长不在意他们的感受，总是以“老子”“权威”自居，强迫孩子去做一些事情，只会使亲子之间出现隔阂，从而影响亲子之间的正常沟通。

在与孩子们闲聊的过程中，一个四年级的孩子曾对我说：“我非常喜欢看动画版的《西游记》，但只要一听到爸爸上楼的声音，我就得马上把电视机关掉。”

“只要不影响写作业，看一会儿动画片是可以的，你可以跟爸爸讲明这些呀!”我积极地为他出谋划策。

“没用的，我爸爸觉得这部动画片拍得太幼稚，他非常不喜欢，只要看到我在看，他就会换台或直接把电视机关掉，所以我还不如自己关掉呢。”这个孩子识趣地说道。

听这个孩子说完这些，我感慨万分。这位家长就是一位典型的以“老子”自居的家长，自己不喜欢动画片，就不允许孩子看，这是多么霸道的行为呀！幸亏他面对的是小学阶段的孩子，如果换成是初中阶段的孩子，相信这位家长与孩子之间的矛盾早已层出不穷了。

我曾与很多同事探讨过这种情况：因为爸爸不喜欢某部动画片，听到爸爸上楼的声音，孩子就自觉地把电视机关掉，这是亲子之间有效沟通的表现吗?

同事们给出的答案都是否定的。我们一致认为，孩子之所以会如此合作，是因为他对家长的服从是盲目的，这与他的自我意识还没有完全觉醒有关。与此同时，这也将亲子之间的沟通隐患明显地表现出来了：在小学阶段，家长以“老子”自居，孩子可能会盲目服从；但到了初中阶段，孩子进入了青春期，他还会像之前那样服从家长的权威吗?

答案可想而知。所以，进入小学高年级，如果家长继续以“老子”的姿态与孩子沟通，用不了多久，孩子也许就会拒绝与家长沟通，甚至会反抗家长。在这种情况下，亲子之间的感情只能是迅速走向恶化，亲子之间只能是越来越无法沟通。

所以，家长们一定要谨记这样一点，不管在语言上还是在行动上，家长都不能以“老子”的姿态与孩子沟通。

◎ 方法三：不说“再考不好，你就别回来了”

小学阶段的知识虽然简单，但由于种种原因，很多孩子的成绩总是不理想。于是家长常常这样教育孩子：“这么简单的题目，考这么少的分数，你还有脸回来？”“再考不好，你就别回来了！”……

进入小学之后，孩子已经有了一定的生活经验，他们知道家长的这些话只是气话。但即便如此，这仍然会使孩子产生这样的感觉：在家长心目中，分数比我更重要；爸爸妈妈不喜欢我，他们只喜欢高分数……在这种感觉的影响下，即使事后家长仍然像以前那样照顾孩子，孩子也会觉得自己与家长之间产生了心理距离。

一次、两次这样的情况不会对亲子之间的感情造成很大的冲击，但这样的情况多了，孩子与家长之间的心理距离就会转变成化解不开的“疙瘩”“隔阂”，这样，亲子之间的感情就会一点点走向恶化。

◇ 方法四：不说“我怎么会生出你这样的孩子”

这是任何一个孩子都不愿意听到的一句话！

在教学的过程中，我曾遇到过这样一个孩子：

这个孩子很聪明，就是自控能力差，因此身上的坏习惯很多。一天，这个孩子非常痛苦地对我说：“这个世界上的任何人、任何地方都不会容纳像我这样的坏孩子，是吗？”

看到他如此伤心的样子，我赶忙安慰他：“你不是坏孩子，老师和同学们都很喜欢你呀！”

“我经常闯祸，经常给爸爸妈妈惹麻烦，连爸爸妈妈都嫌弃我、讨厌我了，还会有谁喜欢我呢？”这个孩子边哭边伤心地说。

后来经过细问我才知道，这个孩子如此伤心是事出有因的：他与邻居家的小伙伴发生了一点儿矛盾，情急之下，他不小心把小伙伴打伤了。回家之后，他的爸爸一边批评他，一边感慨“我怎么会生出你这样的孩子”，他把这句话记在了心里，所以才会如此伤心。

“我怎么生出你这样的孩子”，这虽然是家长的一句气话，但被孩子听到耳朵里，却有很多其他的含义，它意味着家长对孩子的嫌弃、厌烦以及冷漠。小学阶段的孩子虽然不像幼儿园阶段的孩子那样依恋家长了，但家长仍然是他们心灵的依靠和归宿。如果连家长都嫌弃他们、讨厌他们，那他们就会产生强烈的被抛弃感。

在小学阶段，孩子的自尊心正在快速发展，如果他们经常被这种抛弃感所包围，他们能健康成长吗？他们与家长之间的关系能不恶化吗？

所以，明智的家长们，请千万不要用那些气话来伤孩子们的心！

2 在与孩子的交流中多使用肢体语言

在我的教学过程中，经常会出现这样一些画面，现在回想起来还是会带给我很大的触动：

当我在课堂上提问，而有些孩子不自信地垂下脑袋时，我会走过去轻轻拍一拍他们的肩膀，他们抬起头看我的时候，眼睛里常常就会有深深的感动、自责以及愧疚；

当有些孩子考出了差成绩，闷闷不乐时，我投给他们一个鼓励的眼神，就能让他们一扫颓丧之气，重整旗鼓；

当有些孩子不听话，调皮捣蛋的时候，我一个责备的眼神，他们就马上收敛；

……

每每想起和孩子们之间这些无言的交流，我的心里就会泛起阵阵涟漪。孩子们的懂事、孩子们的配合，都会让我感到无比的欣慰。

正是因为肢体语言的交流带给了我如此大的好处，在和家长谈起与孩子沟通的问题时，我常常会这样提醒家长：和孩子沟通过程中，多使用一些肢体语言，可能会取得一些意想不到的效果。

那么，在与孩子沟通的时候，除了眼神交流之外，还有哪些肢体语言能让家长和孩子的沟通更为融洽呢？

◇方法一：拍拍孩子的肩膀

也许家长朋友们对这样的画面并不感到陌生：

孩子成绩没考好，正在自己的房间里烦恼时，妈妈给孩子倒了一杯水，拍拍孩子的肩膀，转身离开时，孩子脸上烦恼的神色也随之消散不少；

孩子心爱的小花猫走失了，孩子正在伤心地哭泣，妈妈拍拍孩子的肩膀，给孩子递过去一张纸巾，随后孩子便依偎在妈妈身边，哭泣的声音也小了很多。

……

对于小学阶段的孩子来说，家长拍拍他们的肩膀有着深刻的含义，它代表着家长对孩子的鼓励和肯定。尤其是当孩子遇到困难时，家长拍拍孩子的肩膀，不仅能够使孩子对家长产生信任感，还会给予孩子无穷的勇气和力量，让孩子去战胜困难。

另外，无论孩子是高兴还是伤心、是兴奋还是沮丧，家长拍拍孩子的肩膀，都能拉近与孩子之间的距离。当亲子之间的心理距离越来越近时，亲子之间的有效沟通自然会越来越多。例如：

◆当孩子做出了引以为豪的事情时，妈妈拍拍孩子的肩膀，孩子一下子就会领会妈妈的意思，并会在心里对自己说："妈妈在为我骄傲，我一定会更加努力，成为妈妈永远的骄傲。"

◆当孩子伤心或者正为某些事情而烦恼时，妈妈拍拍孩子的肩膀对他说："一切都会好起来的！"这个动作往往能够给孩子很大的精神鼓励，使孩子的情绪很快得到安抚。

所以，当语言无法传达自己内心的感情时，家长不妨拍拍孩子的肩膀，给予孩子肯定和鼓励。

◎方法二：和孩子握握手

在非语言沟通中，有一种非常重要的沟通方式——握手。握手传达出来的是一种友好的信息，它能成功地拉近两个人之间的感情。例如，当两个陌生人相见时，握握手距离就拉近了很多，两个人就算认识了。

在教学的过程中，我也曾多次与孩子们像朋友那样握手。例如：

当一个孩子非常中肯地给我提意见时，我会走过去，像好朋友那样真诚地与他握手；

当一个孩子取得了不错的成绩时，我会主动伸出手对他说："祝贺你，来，我们握个手！"

当一个孩子长时间萎靡不振时，我会伸出手开着玩笑对他说：“来，握个手，让我赋予你力量！”

……

事实证明，正是因为掌握了这种独特的沟通方式，班上的大多数孩子都把我当成好朋友。有了心事，他们会第一个告诉我；面对选择，他们会第一个征求我的意见；遇到了困难和难题，他们也会向我求助……

作为老师，我常常为自己能够与孩子达到这种有效沟通的境界而深感自豪。其实，在家庭教育中，如果家长们也能像我一样，经常以朋友的身份与孩子握手，孩子很容易就会敞开心扉，愿意与家长分享自己的想法。

◇ 方法三：有意识地增加肢体接触

家长在潜移默化中给孩子的感觉最为重要。孩子对你的感觉是好是坏，在很大程度上，决定着双方能否拥有融洽的沟通氛围。

如何让孩子对我们产生好的感觉，让孩子乐意与我们接触呢？在日常生活中，应注意多跟孩子增加一些自然而然的肢体接触。看似蜻蜓点水，却能打动孩子的心。例如：

当孩子在客厅看电视的时候，你安静地走过去，挨着孩子坐下；

和孩子一起上街的时候，拉着孩子的手，和孩子并排走，而不是前后走；

当孩子受了委屈的时候，蹲下身子，抱一抱孩子；

当孩子遇到困难时，让他在你的肩膀上靠一靠；

……

当你和孩子静静地坐在一起时，并不需要做出什么多余的动作，但是，你会明显地感觉到流淌在你和孩子之间的那股亲子之情会越来越浓。孩子对你的感情越浓厚，对你的感觉越好，你们之间的沟通也就越顺畅。

3 家长鼓励孩子的技巧

和家长们一起谈到孩子的教育情况时，我曾问过家长们一个问题：“在与孩子相处和沟通的过程中，你是如何鼓励孩子的?”

一位家长在听了我的问题后，说起了自己鼓励孩子的情况：

说起对孩子的鼓励，我可是一点儿也不居人后，无论孩子做什么，我都会毫不吝惜自己的夸奖，称赞孩子：“孩子你真棒!”“妈妈为你感到骄傲!”

可事实上呢？孩子在我的鼓励之下，不仅没有变得优秀，还对我的夸奖越来越不当回事儿，甚至有几次还跟我说：“妈妈真是虚伪！总是哄骗我!”

这位家长说完之后，在座的很多家长也纷纷附和：“是啊！都说赏识教育对孩子的成长有好处，现实生活中，我们也是这么做的，可是孩子为什么对我们的夸奖不买账呢?”

面对家长的疑惑，我只简单说了一句话：“因为你们鼓励孩子的方式并不科学!”

小学阶段的孩子已经有了一定的是非辨别能力，对问题也有自己的认知，并不是那么好糊弄的。家长在夸赞孩子的时候，含糊其辞地说一些“你真棒!”“你真优秀!”之类的话，孩子不会像小时候那样“全盘接受”，而是会加入一些自己的思考了。

当孩子觉得家长的话与自己的实际情况不相符时，就会对家长的话产生怀疑，觉得家长是在哄骗自己，进而不再把家长的话当一回事儿了。

鼓励也要讲究技巧，不考虑时机、场合、孩子的实际情况，只是对孩子一味地赞赏，并不能达到让家长满意的鼓励效果。

那么，能够极大激发孩子学习或者做事积极性的鼓励技巧都有哪些呢？

◎方法一：更多着眼于孩子的努力和进步

在多年的教学过程中，我总结出了这样一个鼓励孩子的技巧——更多着眼于孩子的努力和进步。关于这一方法能起的效果，我通过以下两个家教案例的对比来说明：

孩子拿着59分的试卷回家了，一位妈妈生气地指着孩子的鼻子说：“我看你是考不及格了！”

而另一位妈妈拿着孩子的成绩单对孩子说：“儿子，你这次考试比上次进步了5分，而且马上就要及格了，这是你这段时间努力的结果呀。继续努力，下次你肯定会及格。”

第一位妈妈看到孩子的成绩，首先想到的不是孩子的进步，而是孩子没有考到令她满意的成绩，因此斥责孩子的话马上就脱口而出。其实这是家长们急于求成的心态在作怪，在这种心态的影响下，家长对孩子的一些努力和进步往往会视而不见。而这对孩子继续努力的积极性将会是很大的打击。

而第二位妈妈的态度就不同了，也许孩子并没有考到她理想的成绩，但这位妈妈看到了孩子的努力，并对孩子的点滴进步表示了认同。在妈妈的这种鼓励下，孩子肯定会满怀信心地去继续努力。

在很多时候，家长们还喜欢以一件事情的结果来给孩子下定论，就像案例中的第一位妈妈那样，因为孩子一次或几次没有考及格，便过早地下结论：“我看你是考不及格了。”其实这表明了父母的一种态度，一种过分强调结果的态度。这种态度会向孩子传达这样一种信息：除非你做好，否则，你所做的一切都是毫无价值的。

父母们的这种态度是非常可怕的，它会使孩子因为害怕失败而不敢去尝试。一个不敢去尝试的孩子，永远不会去积极进取。因此，明智的父母不会去过分计较事情的结果，而是更注重孩子的努力和进步。

◎ 方法二：多用行动鼓励他，语言少而精

每个孩子小时候都听过父母太多的大道理，尤其是当孩子失败或遇到困难时，父母总会用那些大道理来安慰孩子。那个时候，孩子会觉得父母真伟大，可以让他们心服口服，但当孩子慢慢具备了理性思维的能力，他们所需要的已不再是父母的安慰和大道理，而是希望通过自己的思考，找到解决问题的方法。

每一位父母都知道，在孩子遇到困难时，自己应该去鼓励他们，但很少有父母知道，孩子究竟需要什么样的鼓励。

在这一点上，一位妈妈做得很成功：

在一次考试中，一向成绩很好的军军却发挥失常，成绩考得不是很好。当军军拿着不是很理想的成绩单回到家，告诉了爸爸妈妈这个坏消息后，就一声不响地把自己关进了房间。

过了一会儿，妈妈端着一盘水果来到军军的房间，看到他正坐在书桌前思考问题，妈妈便把水果放在军军旁边，接着轻轻地拍了拍他的肩膀。军军回过头来看着妈妈，妈妈真诚地冲他点点头，转身离开了。

对于已经有了理性思考能力的孩子来说，在他们遭遇失败或遇到困难时，安慰的语言往往是无力的，有时，他们只是想知道父母的态度，想知道父母会不会因为自己的失败而不再欣赏自己。

当孩子因为失误没有考好时，父母给孩子端一杯水或送一些水果，孩子就会从父母的行动中读到一种明确的态度——父母并不会因为自己的失误而不喜欢自己。当然，当父母拍拍孩子的肩膀、冲孩子点头时，孩子也会明白，父母这是在鼓励自己，从而也会促使他向积极的方向思考。

◇ 方法三：当孩子取得成绩时，与孩子一起分享他的喜悦

鼓励孩子还有这样一个技巧——与孩子分享成功的喜悦。随着孩子自我意识的增强，他们的自尊心也会越来越强烈，当他们取得成绩时，如果父母好好地跟他们一起分享成功的喜悦，孩子的自尊心就会得到极大的满足，他们继续努力的欲望也会越来越强烈。

在一次学校组织的绘画比赛中，王旭的作品获得了一等奖。回到家后，妈妈故意用记者采访的语气问孩子："王旭同学，请谈一谈你此时此刻的心情，好吗？"

王旭也配合着妈妈，用明星接受采访的语气说："取得这样的成绩，我要感谢学校、感谢老师，尤其要感谢父母……这次成绩的取得，坚定了我的一个信念——成为一名出色的画家。"

听到女儿的梦想，妈妈激动地说："我为你这个伟大的梦想感到自豪，不如这样，我们要永远记住这个日子，把它定为你的'梦想诞生日'如何？"

王旭高兴地欢呼起来。

小学阶段的孩子，虽然自我意识已经萌芽，会处处觉得自己很了不起，但现实生活的经历却会很快打消他们的这种想法，使他们变得越来越怀疑自己。所以，无论孩子是否真的十分优秀，父母一定要创造机会，让孩子品尝一次自尊心得到满足的滋味。这样，孩子努力的劲头才会越来越大。

4 家长批评孩子的技巧

在家长与孩子相处的过程中，批评管教是必不可少的一项内容。然而，小学阶段的孩子心灵极其脆弱，极易受到伤害，作为家长该如何拿捏分寸呢？

和家长们谈到这一点时，有家长表达了这样的疑惑：“如果在面对孩子身上出现的问题时，我们因为怕伤害孩子脆弱的心灵而畏首畏尾，那岂不是不敢管、不能管孩子了，孩子还怎么可能认识到错误、改正错误，从而做得更好呢？”

每每听到这样的话语，我都会认真地告诉家长：“你的担忧虽然有一定的道理，但却走进了一个认识的误区——孩子不是不能管，而是要管得有尺度、有方法。”

上述家长之所以会有那样的担心无疑是简单地将“尊重孩子”与“管教孩子”对立了起来，好像要保护孩子的尊严，就必须放弃最基本的管教和批评。

做老师多年，我很清楚家长的这份担心在家庭教育中会给自己带来怎样的束缚，正因为这样，我才经常告诫他们：孩子不是不能批评，而是要讲究批评的方法。例如，了解孩子在不同的年龄段对批评的接受方式，我们就完全可以根据他的承受能力，对其进行适当的批评了。

◇方法一：先让孩子看到希望，再让他认识到自己的不足

在教学过程中，我总结出这样一点：一句话，采用不同的说法，往往会产生截然不同的效果。例如：

对于马虎的问题，如果我对学生说：“你太马虎了，改掉马虎你就能有进步。”往往是我说了很多次，这个孩子马虎的毛病却依然没有任何改观。

但倘若我这样说：“如果你再进步一点儿，就可以进前五名了。当然，如果你能改掉马虎的毛病的话……”孩子马上就来了兴致，眼神里闪烁着要求进步的光芒，在以后的学习过程中，也会努力去克服马虎这一问题。

家长们不难发现，虽然我们要表达的意思是一样的，但换一种说法，往往就能带来神奇的效果。其实，这也是家长鼓励孩子的一种技巧，即先让孩子看到希望，再让他们认识到自己的不足。

先给一点儿希望，孩子才有继续努力以及完善自己的动力；再指出不足，孩子才有努力的方向，才不会对你的话产生反感。事实上，这也是一个沟通技巧的问题，在心理学上，它叫作先甜后苦效应。一位家长是这样鼓励孩子的：

孩子拿着第五名的成绩兴高采烈地回家了，见到妈妈就高兴地说：“妈妈，我考了第五名。”

看着孩子高兴的样子，妈妈也高兴地说：“太好了，这说明这段时间你确实很努力，妈妈真为你的努力而感到骄傲。”

得到了妈妈的鼓励，孩子竟情不自禁地哼起歌来。妈妈接着用很轻松的语气说：“孩子，如果你稍微再努力一点点，是不是会取得更大的进步？”

孩子自豪地说：“当然了。”

小学阶段的孩子自尊心进一步增强，他们希望得到父母的肯定，忌讳父母的指责和批评。当取得一定的成绩时，他们很容易产生骄傲自满的情绪，但过度的打击又容易让他们对自己失去信心。所以，在这个时候，父母对孩子的鼓励就更要讲究技巧。

上面事例中的妈妈就做得非常好，在鼓励孩子时，她先让孩子跟成绩不如自己的同学比——让孩子看到自己的优势；接着，为了防止孩子产生自满的情绪和鼓励孩子向着更高的目标进取，她又给孩子提出了更高的要求，用启发的方式让孩子明白：“只要我再努力一点儿，落在我后面的同学会越来越多。”所以孩子进取的欲望会越来越强烈。

因此，每个渴望孩子不断进取的家长都要掌握这个沟通的技巧——先让孩子看到希望，再去引导他认识自己的不足。

◈ 方法二：先批评自己，后批评孩子

作为家长，我们都有这样的体验：当我们第一次批评孩子的时候，孩子对我们的话往往比较信服，也能很快改正自身的错误；但随着我们对孩子批评的次数越来越多，孩子会渐渐不拿我们的批评当回事。

问题出在了哪里呢？是家长的沟通方式出了问题。

小学阶段的孩子已经具备了一定的自尊意识，如果家长总是以一种批判的姿态出现在孩子的面前，久而久之，就会激起孩子内心的逆反情绪，把家长的话当成耳旁风，导致亲子沟通效果不佳。

那么，家长应该如何讲究技巧地去批评孩子呢？

我认识的一位家长在这方面做得很好：在批评孩子之前，总会先诚恳地批评一下自己。例如：

有一次，孩子没有考好，她知道后，对孩子说：“你这次成绩没有考好，妈妈有一定的责任，妈妈这段时间太忙，忽略了你的学习。但这与你这段时间努力不够也有一定的关系。

孩子听后非常感激地说：“妈妈，我向你承认错误，这段时间我确实没有认真学习。我向你保证，以后我一定会认真学的。”

小学阶段的孩子，头脑中会出现强烈的是非观念，他们爱憎分明，喜欢对别人的错误指手画脚，可是他们的自控能力很差，也经常会犯一些错误。但当错误发生在自己身上时，他们却不喜欢别人指出来。例如，同样是迟到，发生在别人身上，他们会嘲笑别人编

的理由不圆满，可是到了自己身上，他们却希望大家相信自己的理由。

由这个阶段的特殊心理特征所决定，当他们犯了错误后，父母先批评自己，再批评他们，就能保护他们的自尊，使他们更容易意识到自己的错误，接受父母的批评。就像上述案例，如果那个家长仅仅批评孩子由于没有努力而考得不理想，恐怕即使家长磨破嘴皮子，孩子也很难听进一句，但家长先从自己身上找原因，然后再对孩子进行批评，就能使孩子既找到问题出现的原因，又很感激家长。

◇ 方法三：避免唠叨

生活中，我们经常会遇到类似这样的场景：

孩子昨晚没有收拾好书包，妈妈一边帮孩子收拾，一边唠叨，直到孩子迈出家门后，妈妈还要唠叨上几句；

孩子上学快要迟到了，妈妈一边帮孩子背书包，一边说："跟你说过多少次，早点儿起床就不用这么紧张了……别跑，还没拿早餐……"

是的，提到唠叨，相信每个孩子的头脑中都会立刻出现两个形象：一个是《大话西游》中的唐僧，另一个便是自己的妈妈。前者仅仅是文学作品塑造的一个形象，但后者却是现实生活中真实的人，更重要的是，孩子每天要花大量的时间与她相处。

那妈妈的唠叨取得了什么样的效果呢?

根据我多年的观察，情况并不容乐观。因为每次家长会后，很多妈妈都会向我抱怨："一件事情，我不知说了多少遍，为什么孩子就是不听呢?"

妈妈们可以这样想一想，如果一个人总是在耳边唠叨我们的缺点，我们会怎样呢？相信我们也会很厌烦。这也难怪孩子把我们称作"唠叨老妈""唠叨老爸"了。妈妈们可不要轻视这小小的唠叨，它不仅会使孩子厌烦，甚至叛逆，还会使亲子关系恶化，甚至出现危机。

既然唠叨对孩子的危害如此之大，与孩子沟通时，家长们怎样才能避免唠叨呢？

一位明智的妈妈跟我们分享了她的经验：

做到不叨唠，我有“秘诀”：任何事情只说一遍。

每当听到我的这个“秘诀”时，很多家长都会说：“只说一遍，孩子会听吗？”是的，在很多情况下，只说一遍，孩子往往听不进去，或者根本不会听，但是这时候，我不会一味地重复，因为我知道，这样做并不会促使孩子合作，反而会使孩子故意与我对着干。所以，如果说过一遍，孩子不听，我就会用沉默、眼神、动作等给孩子一个暗示。

举个简单的例子。一天中午，我正上五年级的儿子吵着要看电视，我告诉他：“中午应该睡一会儿觉，不然下午上课时没精神，更何况爸爸正在客厅休息呢，所以不能开电视。”说完我就去卧室忙别的事情了。

等我出来后，发现儿子已经偷偷地把电视打开了，我没有重复刚才说过的话，只是用严厉的眼神看了他一眼，然后又示意他看看正在客厅睡觉的爸爸。最后，儿子虽然不是很情愿，但还是把电视机关掉了。

其实，如果妈妈们认真想一想就可以想明白，当我们交待孩子去做某事时，说了第一遍，孩子不与我们合作，一般有两种原因：一是由于懒惰，想等一会儿去做；二是根本就不愿意去做。

当孩子由于懒惰而不去做这件事情时，妈妈不停地催促他，很可能会把孩子催烦，从而干脆彻底拒绝去做这件事情。但如果妈妈不是用语言催促孩子，而是用眼神、表情、动作等给孩子某种暗示，暗示他现在就必须去做这件事情，孩子一般都会乖乖地与妈妈合作。就像上面的那位妈妈所做的那样，用眼神和表情告诉孩子，如果他继续看电视会影响爸爸休息，孩子就立刻把电视机关掉了。

当孩子根本就不愿意去做家长交待的那件事情时，无论家长催促他多少遍，他都不可能去做，而且过于频繁的催促反而会令孩子对家长产生反感，影响亲子之间的感情。但如果家长通过暗示的方式告诉孩子，你应该去做这件事情，那孩子就会有足够的时间去思考，从而极有可能按照家长所说的去做。

所以，我常常这样为家长们提供“管住自己嘴巴”的妙招：**第一，凡事只说一遍，如果觉得自己做不到这一点，要立刻转头离开教育现场；第二，如果孩子不合作，不要重复刚才的话，而是用眼神、表情等非语言方式来教育孩子。**

5 做孩子的大朋友

在一次家长会中，我向家长们提出了一个问题："家长与孩子之间拥有一种什么样的关系才更有利于孩子成长？"

大多数家长都迷茫地看着我，我能看出他们的心思：家长与孩子之间当然是亲子关系了，还能拥有什么关系？

实际上，亲子关系也是分很多类型的，如对立式的亲子关系、朋友式的亲子关系、不冷不热式的亲子关系……亲子关系的类型不同，孩子的表现常常也会不同。从某种角度上来讲，亲子关系的类型往往决定着孩子是否能够健康成长。

这一点都没有夸大其词，接下来我通过前段时间的亲身经历来证明这一结论。

期中考试，我们班一个叫李强的孩子数学只考了20分。我很奇怪，这个孩子很聪明，平时上课回答问题也很积极，怎么这次才考这么点儿分数呢？

为了揭开谜底，我到他家进行了一次走访。到他家里时，他正在客厅里写作业，看到这种情况，我忍不住夸奖他说："你对待学习很用心，老师很欣赏你！"

这时，他的妈妈站在一旁撇撇嘴说："还用心呢，我看他跟一头没心没肺的懒猪没有什么两样，不逼着他，他就不知道学习。"

孩子听到这话，噘着嘴生气地望着妈妈，从他的眼神中，我甚至能感觉到一丝敌意。我开始有些明白他的数学成绩只考20分的原因了。

果然不出我所料，在我的引导下，孩子终于说出了心里话：他有能力做对更多的题目，但他之所以考这么少的分数，完全是为了气妈妈。

为了气妈妈，孩子竟然故意只考20分，从这种较劲行为中我们不难看出，他与妈妈之间的关系已经向着对立的方向发展了，并且开始接近敌人式的亲子关系了。小学阶段是亲子关系的定型期，照这种可怕的发展势头，孩子与妈妈之间的关系只能是越来越恶化，也许正是因为如此，孩子会仇恨学习，甚至做出更离谱的事情来。所以，不科学的亲子关系就是孩子走向弯路的“催化剂”。

那么，在小学阶段，哪种类型的亲子关系才更有利于孩子健康成长呢？

在多年与孩子们接触的过程中我发现，在家庭生活中，这些小学阶段的孩子不需要全能式的父母、保姆式的父母、提款机式的父母……他们最需要的是好朋友式的父母。因此，家长只有走进孩子的内心，成为他们真正的知心大朋友，他们才能健康、快乐地成长。

◎方法一：敢于放下“架子”——家长犯错也得改

人无完人，孰能无过？作为家长，在教育孩子的过程中，我们也会出错。错误出现了，面对孩子，我们是摆起家长的“架子”，敷衍了事，还是抛开面子，大胆向孩子承认错误？这种情况下你所做的选择决定着你是否有资格成为孩子的好朋友。

两个人能否成为无话不谈的好朋友，最基本的条件是什么？

当然是平等的地位。这里的“平等”并不是指社会地位的平等，国家领导人与清洁工虽然社会地位不同，但他们也可以成为好朋友，因为在心理上，他们的地位可以是平等的。

在家庭教育中更是如此。如果家长认为因为自己是家长，就可以犯了错误不改正、不道歉，实际上就向孩子传达了这样的信息：我是家长，我有特权，我的地位是特殊的。在这种信息的影响下，孩子是不可能心甘情愿地与家长做朋友的。

在这方面，我的一位朋友处理得特别出色，也因此，他成功地成为了孩子的知心大朋友。

看着别的家长都风风火火地带着孩子去上特长班，朋友也忍不住给儿子报了一个作文班。但接下来，父子俩的矛盾便产生了：孩子拒绝去上这个作文特长班。

钱已经花了，面对孩子的拒绝，朋友没有生气，而是耐心地听孩子讲述理由。看爸爸没有发火的迹象，小家伙一股脑儿把心里话都倒了出来：“爸爸，要是有人不让你下棋而逼你去打篮球，你会怎么样？”看老爸没有反应，他继续说：“我觉得咱们俩是平等的，给我报特长班这样的事情你应该提前跟我商量。我感觉自己的作文水平还可以，不用报特长班也能学好，再花钱去学岂不是很冤枉？”

见孩子说得头头是道，朋友只得“认输”，并真诚地向儿子道了歉。

最后，还是孩子主意多，他向爸爸建议：“我的作文水平还可以，但数学水平就拿不上台面了，不如把作文特长班改成奥数特长班吧？”

风波平息了，孩子对爸爸也越来越信任了。

很多家长都说自己与孩子之间是平等的，但真正的平等表现在哪里？表现在家长敢于放下架子、敢于放弃“特权”的行为上。就像我在例子中所提到的这位朋友，意识到了自己的错误，在孩子面前，他敢于听从孩子的意见，向孩子低头认错。这种平等的意识、平等的地位，才是家长与孩子进行心灵沟通、做孩子知心朋友的先决条件。

◎ 方法二：不要因为做朋友而失去权威

家长的成功教育有两个重要前提：一是要了解孩子；二是要保持权威。我们提倡家长与孩子做朋友，是为了让家长走入孩子的内心，做到真正了解孩子。但如果家长因为与孩子做朋友而失去了权威，这种教育注定也要失败。

我自己在教育孩子的过程中就曾遇到过这种情况：

我家孩子是个小动物迷，上二年级的时候，他就已经养了三条鱼、两只小鸡，还有很多蜗牛和蚌。这天，他不知从哪儿弄来两只潮虫想养在家里，我不同意，没想到这引起了他强烈的抗议。

他大声地冲我喊道："这不公平，为什么家里的事情都是你说了算？我有养小动物的权力，我想养什么就养什么！"

也正是通过这件事情，我开始反思自己的教育方式：孩子这种过激的反应是不是与我的教育方式有关？是不是在与孩子做朋友的同时，我丢失了自己的权威？

最终，我得出了肯定的结论：一味地强调孩子的权利使我失去了做家长的权威。我们成人懂得"理解"是做朋友的基石，但孩子却常常不理解我们的苦心。就拿我自己的经历来说，我力求与孩子"平等"，我允许他为自己的行为辩解、允许他为自己争取正当的权利……但由于尺度没有把握得当，他甚至为自己的不正当行为辩解，为自己争取根本不合理的权利。

在与孩子做朋友的过程中，一旦家长失去权威，整个局面便很难掌控。做朋友不成，亲子之间很容易反目，到那时，一方面家长想挽回自己的威严，另一方面孩子想宣告独立，两者之间的矛盾只会愈演愈烈。所以，只有在保持自己权威的前提下与孩子做朋友才是最科学的教育方式。

"家长保持权威"与"与孩子做朋友"这二者之间并不矛盾，它们之间有一个完美的结合点，找到这个结合点，家长就能做到了解孩子、保持权威两不误。一位聪明的父亲就找到了这个完美的结合点，以下是他的分享：

即使与孩子是好朋友，原则也是不能丢的。例如：我可以陪他玩游戏、给他讲故事，但当我工作的时候，他要听故事的要求是不能得到满足的；我尊重他，凡事与他商量，但如果他趁机提过分要求，他的要求是会被坚决否定的……

一次逛商场，他在一个新款玩具面前停住了脚步，并明确告诉我想要这个玩具，我拒绝了他的要求，因为前两天我刚给他买了一款类似的玩具。其实我还想通过这次的拒绝让他懂得，并不是所有的欲望都能得到满足，只有那些合理的、不违背原则的欲望才能得到满足。

没有规矩不成方圆，不坚持原则永远教育不好孩子。“坚持原则”就是家长“保持权威”与“与孩子做朋友”之间的完美结合点。在小学阶段，家长在孩子心目中本来就具有一定的权威，如果在教育孩子的过程中能够坚持原则，会在很大程度上增强家长的权威。在这种情况下，家长就能成为孩子心中的良师益友。

6 给孩子百分百的信任

作为成人，我们都有这样的经验：在工作和生活中，如果双方之间缺少了信任，那么这样的沟通就是无效的、失败的。

同样，家长与孩子沟通交流也是如此。如果家长不能给予孩子足够的信任，那么，在沟通过程中，家长就可能掺杂进很多主观的东西，影响双方的沟通效果。

对此，我的一位同事谈起过发生在他家里的一件事情：

那是发生在上周的一件事，妻子接到了女儿任课老师的电话，说女儿在课堂上不守纪律，扰乱了课堂秩序，老师说她，她还不服管教，和老师顶嘴。

听老师这么说，妻子的火气一下子就上来了。女儿刚放学回家，妻子就对着孩子一顿劈头盖脸的训斥。孩子觉得自己在学校受了委屈，心里本来就很难受，一听妈妈还骂她，气呼呼地跺着脚冲着妻子就喊："我怎么做不用你管，不用你管！"眼看着妻子的脸色越来越难看，女儿也是气呼呼地瞪着眼睛。我赶紧出面调停，先将妻子劝到一旁，接着搂住女儿，尽量让自己的语气听起来和缓一些："宝贝儿乖，能告诉爸爸今天到底是怎么回事儿吗？"

女儿红着眼圈看着我，有些哽咽地说："我没有捣乱，老师冤枉我！"

一听女儿矢口否认，妻子脸色一变，又要发火。我赶紧对她打了个手势，示意她冷静。安抚好了妻子，我接着问女儿："那老师又为什么会错怪你呢？"

在女儿抽抽搭搭的诉说中，我终于了解到了事情的大概：原来在老师上课的时候，女儿的同桌和前后桌都在说话，听到窃窃私语声之后，老师把目光转向女儿她们那边，批评她们扰乱了课堂秩序。女儿觉得，自己并没有在课堂上说话，是无辜的，就跟老师说自己没有说话……结果，也就出现了老师冤枉女儿的情况。孩子受了委屈，回家本想在我们这儿找点儿安慰，可妻子倒好，二话不说对着孩子又是一顿训斥，也难怪女儿的反应会那么激烈……

同事说这件事的时候，表情非常严肃。我知道，同为一名老师，同事是因为自己在孩子的教育问题上险些犯下错误而警醒自己。的确，在家庭教育中，和我这位同事的妻子一样，在孩子遇到问题的时候，不问青红皂白就对孩子一顿批评训斥的家长并不在少数。在他们看来，只要出了问题，错误一定在孩子身上，一定是孩子做得不好。

家长这样做，会有怎样的结果呢？我们可以先假设这样两个前提：

其一，错真的在孩子；其二，错不在孩子。

首先，我们分析一下第一种情况。即使错在孩子，家长对孩子一顿激烈的批评，就能收到让家长满意的效果吗？不会。正如我在前面多次提到的那样，小学阶段的孩子已经具备了很强的自尊心，就算是他真的错了，家长若是在批评他的时候方式不当，伤害了他的自尊，他也会像刺猬一样，竖起浑身的刺，抵触家长的言语、行为。当亲子沟通走到这一步的时候，再想要孩子听家长的话，显然很困难。

其次，错不在孩子。如果是这种情况，家长不问缘由地批评孩子，结果会更加糟糕。孩子会认为家长不理解自己、不在乎自己，从而在心里生出委屈，生出对家长的怨恨。孩子心里对家长有了意见之后，还可能再听家长的话吗？只怕是不能了。

综合我们分析的这两个方面，不难发现，尽管我们所假设的前提不同，但有一点却是相同的：那就是我们在处理问题的时候，大多是站在了自己的角度，而非孩子的角度。换句话说，也就是不能对孩子做到足够理解，不能信任孩子。

信任是沟通的基础，没有信任的沟通，很难达到让双方满意的效果。

正是因为如此，家长在和孩子相处与沟通的时候，也就必须以信任孩子为前提。

◇ 方法一：站在孩子的角度考虑问题

在家长和孩子沟通的过程中，很多家长经常会犯的一个错误就是打着为孩子好的招牌，说一些孩子并不爱听的话。例如，家长说："听老师说，你最近在学校的表现不太好，妈妈想跟你好好聊聊。""你看你的成绩又下降了一大截，你最近到底是怎么回事儿？"

我们可以想一想，当一个人总是在你面前说你这儿不好，那儿不好的时候，你心里是不是也会有些不痛快？别看孩子还小，可是家长若总在他的耳边说这样的话，孩子也会不痛快的。孩子不痛快了，自然就不会给家长好脸色，沟通也就难以进行下去。

所以，家长要想和孩子有一个良好的沟通，就要设身处地地站在孩子的角度思考问题，只有这样才可能打开孩子的心扉，取得满意的沟通效果。

一位精于此道的家长，在与孩子沟通的过程中是这么做的：

身边很多家长都说和孩子交流有困难，这样的情况在我的家里却从没有出现过。无论我和孩子谈论什么，孩子都会对我非常配合。当然，这其中还有一个窍门——务必站在孩子的角度，尊重孩子的感受。

举个例子来说，孩子考完试后，语文没考好，而数学却考得不错。大多数家长会盯着孩子不好的科目说事儿。我却不会这样，我会对孩子说："数学成绩考得不错，不过我想，要是你的语文成绩能够再好一些，你的总体成绩就能更好了。"因为我在说这些话的时候，充分考虑到了孩子的感受，不会一味地去指责孩子。这样，孩子从我的话语里感受到的也就是关怀和真诚，而不是对他成绩的过度关注，所以，孩子跟我也就格外亲近，有什么话都肯对我讲。

没错，孩子需要的是一位能够帮助他解决问题的家长，而不是一个只会指责他、抱怨他的家长。如果孩子和家长沟通，听到的只是家长更多的抱怨，孩子就会关闭和家长沟通的门，拒绝和家长有任何的交流。

所以，家长要想和孩子融洽沟通，首先要做到的一点，就是能够站到孩子的角度思考问题，呵护孩子敏感的自尊。

◎方法二：相信孩子是优秀的

世上没有一个人不渴望得到别人的夸奖与肯定，孩子自然也不会例外。在家长和孩子日常相处沟通的过程中，相信自己的孩子是优秀的，就是家长给予孩子最好的信任。

我就曾教过这样一个孩子：

不论什么时候看到这个孩子，他都是一脸自信的笑容，无论做什么都很积极，成绩在班上也一直名列前茅。

是什么让这个孩子能够一直保持这种积极昂扬的心态呢？课间和这个孩子闲聊的时候，我说出了心里的疑惑。这个孩子笑着告诉我："老师，其实真要说起来，这还要感谢我的妈妈。"

感谢妈妈？我的心里更加好奇了：难道他的妈妈有什么魔力，能让这个孩子总是这么积极向上？

看出我的疑惑，这个孩子接着说："每当我做错事的时候，妈妈就会轻轻拍着我的肩膀对我说：'妈妈知道你不是故意的。'每当我遇到困难的时候，妈妈就会温柔地对我说：'妈妈知道你一定能够战胜困难。'每当我没有考出好成绩时，妈妈就会轻声地安慰我：'妈妈相信你下一次一定能考好。'……正是因为有妈妈的信任，我才会一直朝着妈妈所期待的目标努力，不让妈妈失望。"

听这个孩子说完之后，我心里对他的妈妈不由得产生了深深的敬佩。不得不说，这位妈妈是一位真正了解孩子内心、知道如何与孩子沟通的高手，是一位懂得如何赢得孩子喜爱的聪明家长。

在多年与家长接触的过程中，我也发现了这样一点：凡是那些能够给予孩子足够信任，坚信自己的孩子能够优秀，并对孩子予以正确引导的家长，大多能教出优秀的孩子；而那些总是觉得孩子身上满是毛病，总是对孩子挑剔不止的家长，最终也大多会教出“问题孩子”。

所以，聪明的家长，为了避免孩子在我们不当的唠叨、抱怨声中走上歪路，在我们日常与孩子沟通交流的过程中，请务必做到：相信孩子是优秀的，用赏识的眼光看着孩子成长，引导孩子走上优秀的道路。

7 对孩子说的任何事情都要表现出兴趣

前段时间，一位朋友曾向我叨唠：“孩子小的时候对你百依百顺，但一旦长大了，翅膀硬了，就会越来越不听你的话……”接着，她又列举了孩子如何不听话、如何不把她放在眼里的诸多事实……最后，她仍然忧心忡忡地问我：“人们都说‘不听老人言，吃亏在眼前’，有什么办法能够让孩子不吃亏呢?”

我明白朋友此时的感受，她的孩子今年就要大学毕业了，但面对将来的工作、面对终身大事，他一点儿也听不进家长的意见，经常是我行我素，朋友会出现担心、焦急的情绪也是可以理解的。

我知道，在这种亲子间沟通不顺畅的情况下，任何教育方法都将是无效的。所以，我没有为朋友出谋划策，而是与她一起分析了造成现在这种情况的主要原因。

我笑着问她：“你总是抱怨孩子不把你的话放在心上，那你有没有认真听孩子讲话呢?”

想了好一会儿，她才对我说：“有时会认真听，但有时根本没有时间认真听。”

我与这位朋友在大学里同住一个宿舍，毕业后又都留在了一个城市，所以她的情况我非常了解。她对待工作很认真，也很用心，但在生活中，她却称不上是一个细心、认真的母亲。

记得有一次我去她家做客，当时她的孩子正在读小学五年级。孩子一回到家就对她讲学校里发生的事情，但她却有些不耐烦地对孩子说：“妈妈正在做饭，吃完饭再陪你聊天。”晚饭后，孩子又想把那些事情讲给妈妈听，但由于要和我聊天，她又命令孩子道：“先去写作业吧，写完作业再说！”

就这样，直到睡前，孩子想说的话都没能说完。

当时我一直劝朋友：“听孩子说几件事情，又不会占用你太长的时间，为什么不听他讲完呢？”

但她却不以为然地对我说：“小孩子能有什么大事呀，他无非就是想告诉我班上的同学又买了一件什么样的新衣服、同学又得到了一个新鲜玩具……听他含糊不清地讲述这些事情纯粹是浪费时间！”

记得当时针对这一问题我还与她争论了一番，但最终也没能使她开窍。

过去的事情已经发生，无奈也好，遗憾也罢，既为事实，已经无法改变，但它却可以为“后来人”提供借鉴。因此，每当有家长向我抱怨与孩子沟通困难时，我都会告诫这些年轻的家长——在期盼着孩子认真听你讲话的同时，你也要给孩子做出用心倾听的榜样。

◎ 方法一：不要敷衍孩子，用心倾听孩子的每一句话

如果家长带着极大的兴趣去倾听孩子讲话，那么在双方交流过程中，孩子不仅会用心去听家长所说的话，还会养成认真倾听的好习惯；反之，孩子只能是经常把家长或他人的话当成耳旁风。

但问题的关键是，对大多数家长而言，听孩子讲那些有意思的事情并不难，真正难的是，孩子说什么都要认真听，包括那些没意思的事情，或者你压根就不感兴趣的事情……所以，在听孩子说话时，家长一定要拿出足够的爱心和耐心，并且还要足够用心。

那具体来讲，在生活中，家长应该如何倾听孩子说话呢？

一位聪明的家长为我们做出了榜样：

为了能够使孩子感觉到足够被重视，在孩子非常小的时候，我就给自己立了一条规矩：不论什么时候，不论孩子说什么，我都要满怀兴趣地去听。例如：

孩子放学回家跟我打招呼时，我会放下手中的家务，给孩子一

个热情的回应；

当孩子对我讲述在学校里遇到的事情时，我会暂时放下手中的工作，带着极大的兴趣听孩子把它讲完；

……

就这样，孩子每天跟我总有说不完的话题。当然，由于沟通顺畅，孩子的教育也变得轻而易举了。

在现在的家庭教育中，很多家长总是抱怨孩子的心思难懂，其实，并不是孩子的心思难琢磨，而是家长根本没有用心去琢磨。实际上，用心倾听孩子所说的每一句话，就是摸透孩子心思的最佳方法。

从另一个方面来讲，用兵打仗讲究“知己知彼，百战不殆”，教育孩子虽然不能等同于用兵打仗，但“知己知彼”是绝对不能少的。既然如此，家长应该如何做到“知己知彼”呢？实际上，认真倾听孩子的话就是一条良策。

与那些天真幼稚的幼儿园阶段的孩子相比，虽然小学阶段的孩子已经是大孩子了，但他们的本质却是相同的——都有一颗天真、纯洁的心。所以，平时孩子对家长叨唠的那些话题，往往就是他们的心声，因此，家长认真倾听孩子所说的每一句话，也是在了解孩子，为亲子之间的有效沟通打下良好的基础。

所以，我常常指导身边的家长这样去倾听孩子说话：

◆当孩子对你说话时，不管这件事情重不重要，都要暂时放下手头的工作，认真倾听；

◆当孩子向你讲述一件事情时，不管你对它感不感兴趣，都要以热情的态度去倾听，并不时地给予他积极的回应。

◎方法二：找些新鲜话题说

有些家长曾向我寻求“秘诀”：“老师，怎样才能打开孩子的话匣子呢？”

这类家长就是在与孩子的沟通中遇到了困难。实际上，与这些小学阶段的孩子沟通并没有家长想象的那样困难，只要家长多找点儿新鲜的话题，多说些孩子感兴趣的事情，沟通一般都能顺畅进行。

一位与女儿成为好朋友的妈妈分享了她的经验：

女儿在我面前就是一张透明的白纸，什么事都跟我说，要说我和女儿相处有什么秘诀，我认为关注潮流趋势、社会热点，就是我的秘密武器。别看现在的孩子还小，可对社会上的新鲜事儿他们一点儿都不陌生，像这段时间哪个明星比较火，哪句话是潮流用语之类的，他们都了如指掌。

女儿也不例外，小小年纪就学会了追星，哈日、哈韩，时不时蹦出几句我们听不懂的“火星语”。面对这样的新新人类，家长怎么办呢？紧跟他们的脚步走呗。每天，我都会利用空闲时间上网浏览一下网页，看看一些新的潮流资讯，和女儿交流的时候就拿出来与女儿分享。

这位妈妈能对女儿了如指掌，方法正如她所讲的那样——关注潮流趋势。这个方法为什么非常有效呢？因为她关注的东西正是女儿喜欢的东西，当她拿出来与女儿分享时，女儿就会觉得与妈妈有了“共同语言”，进而从心底里认同妈妈，把妈妈视为同一路人。这样，有什么心事，孩子肯定也十分愿意与妈妈分享。

从这个事例中我们可以看出，家长换个新鲜的、孩子爱听的话题，效果确实要比老调重弹好得多，孩子也很容易接受父母，并与之分享心事，这样一来，父母与孩子就成为了朋友。各位家长，如果你发现你与孩子的距离越来越远了，不妨反思一下，是不是因为你总是在孩子面前重复同一个话题，如果是，那么你该换一个新鲜的话题了。

第六章

家庭中，孩子的个性教育最为重要

引语

和家长们聊起教育孩子的话题时，每次家长们都会非常关心这个问题：“如何才能帮助孩子提升成绩?”

每每听到这样的问题，我都会对家长说：“孩子的成绩固然重要，但孩子的个性培养同样也是不可忽视的。”

在我认识的家长中，有很多就是因为在小学阶段忽视了对孩子个性的培养，导致孩子个性中存在这样那样的缺陷，最终与成功无缘。例如——

孩子任性娇蛮，而家长没有适时帮助孩子纠正，结果助长了孩子骄横霸道的气焰；

孩子自卑，家长没有适时地对孩子进行开导，结果孩子陷在了自卑的泥淖中，无法自拔；

孩子消极悲观，尽管每次都能取得不错的成绩，却整天郁郁寡欢；

……

由此来看，家长光是关心孩子的学习是不够的，还要拿出足够的耐心与细心关心孩子的个性发展，为孩子今后的优秀积蓄足够的软实力。

1 培养孩子的自信心

执教多年，我曾接触过很多孩子，虽然每个孩子性格各异，但大体上可归为这样两类：一类是自我感觉良好的孩子，他们的口头禅是“没问题，我能行”；一类是自我感觉不好的孩子，他们经常说的话是“我不行，我做不好”。

这两类孩子，其实也就是自信和自卑的典型。

每当看到孩子们流露出不自信的表情时，我都会忍不住为他们的未来担心。

孩子现在还只是小学阶段，需要面对的问题并不多，就已经被自卑的情绪深深困扰，那么随着他慢慢长大，所要面对的问题越来越困难，他还可能有信心、有勇气去迎接挑战吗？只怕是不能的。

那么，又是什么原因，导致了还处在小学阶段的孩子就已经被浓浓的不自信包围了呢？

说这个问题之前，我们不妨来看看这样两个孩子的例子：

男孩小城和小郑都很聪明，平时也都很用功。但是让我感到不解的是，几乎每次遇到问题，小城都会缩到别人后面，每次做什么事情之前都会说：“我做不好。”怀着这样心理的小城也真的是做什么都做不好；反观小郑，不管面对什么问题，小郑都能乐呵呵地告诉自己：“我一定行的！”坚信自己能行的小郑，也真的做什么都能做得非常棒。

两个孩子各方面的能力都相当，但为什么在自信心方面却表现得如此不同呢？

与他们进行深入沟通后我才知道，他们之所以表现迥异，与家长在家庭生活中对他们的教育有很大的关系。第一个孩子曾亲口对我说，他在家里常常会被家长“挑剔”，例如，爸爸妈妈常常对他说：“你走路能不能挺直腰板!”“不要那么穿衣服！太难看了。”……在家长的“挑剔”和“打击”下，他总是觉得自己一无是处。

但第二个孩子在家里的“待遇”完全不同，他从小就是被父母“宠”大的。例如，他抱怨自己太胖时，爸爸会告诉他：“这不是胖，而是壮，说明你身体健康啊。”他嫌自己眼睛太小，妈妈就告诉他：“眼睛虽然小，但是和五官搭配起来很协调啊。”……因此，不论这个孩子走到哪里，自我感觉都很好。

小学阶段的孩子正处于自我评价形成的重要时期，家长的教育不但会影响他们的自我评价，还会影响他们自信心的形成。因此，每当开家长会时，我都会对家长说：“孩子有了家长的引导才能正确认识自己，有了家长的鼓励才能对自己充满信心。”

◎ 方法一：讲究技巧地称赞他

我曾问过很多孩子这样一个问题：“你在什么情况下才会自我感觉良好?”

大多数孩子回答：“别人夸奖我的时候，特别是爸爸妈妈夸奖我的时候。”

瞧瞧，家长的夸奖和赞美对孩子来说是多么有力的强心剂。

关于如何赞美和夸奖孩子，一位家长的经验是这样的：

我一般不会直接对她说“你真棒”“你做得真好”等表扬的话语，而是从侧面让她了解我对她的欣赏。例如，家里来了客人，在与客人的聊天中，我常常这样评价她：“她时常帮我做家务，这着实让我轻松了很多，她真的很懂事!”“她写作业从不用我催促，这是她与其他孩子不同的地方!”……了解了我对她的这些评价之后，她的表现不但越来越优秀，而且对自己也越来越有信心了。

听完这位家长的经验之谈，你有没有收获什么呢？光是知道夸奖孩子还不够，还要掌握一定的技巧——既不让孩子察觉出你的意图，又能让孩子从你的夸赞中获得满足感。

如何达到这一目的呢？

要让孩子对自己充满信心，你需要做到这样两点：一，不要泛泛地称赞孩子“你真棒”“你真了不起”等，而是要真诚而具体地称赞他们；二，讲究技巧，多角度使他了解你对他的欣赏。

◎ 方法二：给予孩子成功的机会

在教学的过程中，我遇到过非常自信的孩子，也遇到过对自己完全没有信心的孩子。经过深入分析我发现，很多孩子之所以对自己没有信心，是因为失败对他们的打击太大了。

我曾教过一个叫小曼的孩子：

在课堂上，我曾多次请她做自我介绍，但每次她都磕磕巴巴的，说不出一句完整的话。利用课下时间，她单独对我说：“老师，以后你别让我介绍自己了，我没有特长、没有优点，没有什么好介绍的。”

“但你很勤奋，也很好学，这就是你的优点呀！”我试着说服他。

“这有什么用，我每次成绩都考不及格，我所做的每一件事都会出错……我就是一无是处！”

说实话，我真的很惊讶，一个还处在小学阶段的孩子竟然用“一无是处”这样严重的词来形容自己，可见她所受的失败打击有多大！

孩子觉得自己一无是处的原因何在呢？或许我们从她自己的话中可以看出一些端倪：“我所做的每一件事都会出错。”

仔细看看她说过的这句话，我们是不是能读出一些别的味道呢？没错，这个孩子从没有品尝过成功的滋味。一个从没有品尝过成功滋味的孩子，难免会被自卑的阴影所笼罩。所以，聪明的家长在日常生活中，就要懂得这样一点：给孩子创造一些成功的机会，激发孩子的自信心。

在这一点上，这位家长做得很出色：

在生活中，孩子出现失误，我从不轻易指责或批评他，而是告诉他正确的做事方法，给予他体验成功的机会。

一次，孩子帮我洗碗，我能明显看出，碗上的油渍还没洗干净他就想结束工作。我没有指责他“没用”或是“不用心”，而是对他说：“先用沾上洗洁精的布把碗里里外外都擦一遍，这样油渍就都消失了，然后再用清水冲一冲，碗就变干净了。”

孩子照着我的方法去做了，碗很快都被他洗得干干净净。我拍拍他的肩膀，冲他竖着大拇指说：“孺子可教也！”

儿子不好意思地挠起后脑勺来，我能看得出，他对自己的表现特别满意。

由于缺少生活经验且各方面能力有限，小学阶段的孩子做事出现失误是在所难免的。如果一做错事家长就批评或指责他们，很容易使他们形成消极的自我评价。所以，家长应该把教育的重点放在告诉孩子做事的方法上面，并给予机会让他们去体验成功，而不是一味地批评。

◎ 方法三：帮助孩子认识到他的优势，告诉孩子“你能行”

如果家长留心观察过那些不够自信的孩子，就会发现他们有一个共同之处：他们经常挂在嘴边的一句话就是——我不行。

因为孩子心里对自己有这样的认知，在学习生活中，无论遇到了什么问题，他都不敢去尝试，不敢去挑战自己。

和家长们谈到这个问题时，我常常会打这样一个比喻：孩子心里有了“我不行”的思维定势，就看不到自己的优势，不知道自己的长处在哪里，不知道能够做出成绩的地方在哪里。任由孩子这样发展下去，孩子就会与自信无缘。

所以，在家庭教育中，家长帮助孩子认识到自己的优势，打破思维定势，对孩子的自信心培养来说也是一个不错的方式。

我的一位朋友在培养孩子自信心的过程中，就是这么做的：

不知道从什么时候开始，孩子做事变得越来越没有自信了，看着无论做什么都缩手缩脚的孩子，我心里很清楚，若是不能适时地激发起孩子的自信心，孩子今后的发展就堪忧了。

明白了这一点，在日常生活中，我就特别注意帮助孩子发现优势，激发他的自信心。举个例子，有一次孩子放学回家后问我："妈妈，我是不是很让人讨厌了?"面对孩子的这个问题，我笑着将孩子搂在怀里，告诉他："谁说我的孩子惹人讨厌了？妈妈的同事，我们的邻居不都夸奖你有礼貌，很懂事，是个很招人喜欢的孩子吗?"孩子听完我的话，小脸上的自卑情绪明显消退了很多。

在我坚持用寻找孩子优势的方法来培养孩子自信的过程中，孩子的自信心变得越来越强了。

无论在什么时候，家长的鼓励都是孩子最有力的定心丸。家长帮助孩子发现优势，肯定他的长处，孩子就会在家长的有意引导下，摆脱总是看到自己不足的错误认知方式，全面认识自己。

2 正确认识勇敢

学校和家长都在向孩子灌输勇敢的观念，但一位妈妈却伤心地说："我宁愿我的孩子胆小如鼠！"她为什么会这样说呢？这还要从这个孩子的经历说起：

这个孩子叫岳小宁，是一名四年级的小学生。有一天他坐公交车去上学，看到一个小偷正在偷别人的钱包，便大喊一声："他是小偷，快抓小偷！"眼看就要到手的"大鱼"却被一个小孩搅跑了，小偷恼羞成怒，冲着这个孩子的脸打了两巴掌。从此之后，小宁再也不敢一个人去上学，学习成绩也受到了很大的影响。

怪不得这位妈妈会如此激动，因为勇敢，孩子遭到小偷的报复；因为见义勇为，孩子的学习、生活以及心理都受到了极大的影响……在这种情况下，还该不该培养孩子的勇敢品质呢？

相信大多数家长都会陷入这样的矛盾之中：不培养孩子的勇敢品质，也许孩子会变得唯唯诺诺，甚至缺乏最基本的开拓精神，最终将很难有所成就；但如果培养孩子的勇敢品质，就等于把孩子推入"险境"，甚至还会使孩子面临生命危险。

作为老师，也作为家长，我要说的是，勇敢品质一定要培养，但家长要让孩子分清楚，什么是"勇敢"，什么是"冒险"。

其实，即使家长不过分渲染，大多数小学阶段的孩子也都崇拜英雄，他们希望自己能够像英雄人物一样勇敢和见义勇为。但由于生活经验还非常有限，在很多时候他们分辨不出什么是勇敢，什么是冒险。就像前面例子中提到的那个孩子，看到小偷偷别人的钱包，他没有考虑到自身的力量能否与小偷抗衡，便鲁莽地去阻止小偷。

孩子虽然很勇敢，却是在冒险。

那么，家长应该如何帮孩子区分“勇敢”和“冒险”呢？或者说，家长应该如何教孩子有技巧地勇敢呢？

◎方法一：对孩子进行一些“情景模拟训练”

一位家长是通过对孩子进行“情景模拟训练”的方法教孩子区分“勇敢”和“冒险”的：

在家里我常常给他预想一些“情景”，让他自己来“处理”。例如，有一次我问他：“如果看到好朋友正在被几个人殴打，你会怎么办？”

他想都不想地就回答说：“我要奋不顾身地去保护他。”

我继续与他一起想象当时的情景：“几个人一起打你们俩，你们俩肯定都会被打倒在地。”停了一会儿，我又继续问他，“有没有什么方法，既不让自己受伤，又能救你的好朋友脱离险境？”

他想了想说：“我跑去找老师，或是找周围的警察或大人来救他。”

我欣赏地拍着他的肩膀说：“这才是既勇敢又机智的小英雄呢！”

孩子进入学校就等于踏入了半个社会，可能会遇到很多情况，如被别人欺负、遭遇小偷、看到他人落水等，在正义感的驱使下，稍不留神他们就会陷入险境，所以，家长非常有必要对他们进行“情景模拟训练”。

就像上述那位家长一样，与孩子一起预想那些生活中随时会发生的事件，相信通过这样的“模拟训练”之后，孩子肯定不会再鲁莽地去冒险，而是勇敢机智地处理这些事件。

◎方法二：教给孩子一些应对危险的常识

小学阶段的孩子毕竟还小，对危险没有太深的认知。当他遇到一些突发状况的时候，常常会手足无措，如果这时候，他还想要去逞英雄帮助别人，那么，孩子就很容易受到伤害。

比如，发现有人落水之后，不懂得如何救人的孩子，莽撞地跳进水里救人；

比如，意外发生了火灾，而孩子却对如何应对火灾一无所知；

比如，有人触电，如果不知道正确施救，孩子很可能会因此遭受危险；

……

孩子生活在一个丰富多彩却又多变的世界，任何事情都可能会发生。为了防止孩子因为不懂生活常识而冒冒失失去冒险，家长应该提前告诉孩子一些应对危险的常识：看到有人落水该怎么办，看到有人触电该怎么办，着火了该怎么办……在家长做好这些功课之后，孩子不仅可以积累一些基本的生活常识，而且能掌握很多应对这些危险情况的技巧。更重要的是，懂得了这些生活常识，孩子既能保护自己，又能勇敢地去营救别人。

◎ 方法三：告诉孩子，遇事“多思考，不莽撞”

一个孩子曾跟我说起过自己经历的一件事：

记得第一次和伙伴去游泳的时候，我不敢下水。看着伙伴们在水里游来游去像是一条条小鱼那么自在，我羡慕极了。而这时候，伙伴中有人嘲笑我是一只旱鸭子，胆小鬼，居然怕水。听到伙伴的嘲弄，我脸红到了脖子根儿，赌气似的对那个伙伴说：“我不是旱鸭子，我才不怕水！”为了证明自己不怕水，我三下两下脱掉衣服就跳进了水里……结果，可想而知，对游泳一点儿都不了解的我，一下水就开始往下沉，虽然我一个劲儿地扑腾，却仍被水狠狠呛了个够。要不是伙伴们发觉事情不妙，喊大人把我捞上去，只怕小命儿都没了。

的确，现实生活中，很多孩子在面对别人挑衅的言语时，为了证明自己是勇敢的，常常就会像例子中的孩子一样为了维护自己所谓的面子硬着头皮迎上去，甚至不去考虑自身的情况。然而，家长们都知道，这样做不过是逞强好胜，并不是勇敢。它带给孩子的除了伤害，没有任何有益的东西。

但是，我们又必须承认，在现实生活中，像例子中这样的情况随时都可能会发生。面对这样的情况，家长该如何做，才能让孩子不因为逞强好胜而受到伤害呢？

◆提醒孩子，当他和别人发生争执的时候，不是用武力解决问题才叫勇敢，懂得向外部借力，顺利解决问题，也是勇敢。

◆告诉孩子，当他为了所谓的面子，想去做一些危险事情的时候，应多考虑后果，而不是逞一时之勇；

◆提示孩子，当他遇到麻烦的时候，多向周围有经验的人请教，而不是意气用事。

3 上进心是优秀的保证

观察身边的一些孩子，我们可以得出这样一个结论：凡是那些成绩优秀，最终能够赢得成功的孩子，大多具备这样一种个性特征——上进心。

的确，正如一些文学作品中所说的那样：上进心是促使人奋发向上的加速器，一个人一旦拥有了上进心，就拥有了追求优秀的不竭动力。

事实也正是如此，在多年的教学过程中，我接触过无数的孩子，其中因为上进心被激发出来，取得优秀成绩的孩子可以说是数不胜数：

男孩小智拥有极强的上进心，在学习过程中积极主动，从来不用家长和老师催促，一直都保持着不错的成绩；

女孩小雯积极上进，面对困难、挫折从不轻易认输，在学习的过程中总是劲头十足，成绩也一直名列前茅；

……

正是因为如此，我才会经常对家长朋友们说："在家庭教育中，家长懂得一些教育的技巧，适时地激发孩子的上进心，对孩子今后的发展而言，影响尤为重大。"

◎ 方法一：帮孩子树立目标

和很多家长交流时，我经常会提到这样一个比喻：如果把孩子比作一条船，把孩子成长的环境比作大海的话，那么目标就是指引孩子航行的灯塔。现实生活中，孩子只有拥有明确的目标，在做事的时候才不至于迷茫，甚至止步不前。

关于这一点，我所熟悉的一位家长给大家提供了很好的借鉴：

当我发现女儿在学习过程中不思进取的时候，我开始谋求解决之道。暑假的一天，女儿的表姐萱萱来家里做客。两个孩子一起看一档智力竞赛节目，每当电视上的小选手说出答案之前，萱萱都能提前将答案说出来。看萱萱这么厉害，女儿望向萱萱的目光全是仰慕。等萱萱走了之后，女儿还不时在我耳边说："表姐真厉害，像是一个'万事通'。"听着女儿对萱萱不住的称赞，我心中一动，问女儿："那你想不想像萱萱表姐一样成为一个'万事通'呢?"女儿闻言，忙不迭地点头。

于是我进一步诱导女儿说："要想成为一个'万事通'，平时就要注意积累知识，多学习，多看书。"女儿认真听完我的话，郑重地点了点头。打那之后，女儿学习的积极性果真高涨了许多。

问一问周围那些无论做什么事都劲头十足的人，他们为什么总是能够保持那么高昂的激情，他们可能会告诉你各种各样的答案。但是，无论他们的答案如何五花八门，我们都能把他们的答案总结为一个词：目标。

因为有目标，他们才有奋斗的方向；因为有目标，他们才会有不竭的动力。

这个道理，对孩子来说同样适用。家长在教育孩子的时候，如果能够懂得用目标去激励孩子，孩子学习的主动性就可能大大增强。

◎ 方法二：鼓励孩子去竞争

作为成人我们都有这样的经验：当我们对自身产生不满时，就会激励自己有所行动，通过行动来改变现状。但对自身不满足有时又是痛苦的，它需要我们大量付出，也正是因为如此，许多人都容易选择满足，安于现状、不思进取。成人尚且如此，更何况还是小学生的孩子？

每当我说这些的时候，总会有家长头疼地问我：“我们到底该怎么做才能让孩子改变容易满足的心态呢?”

其实，这个方法非常简单：为他找一个竞争对手。

学习就是一个你追我赶的过程，有的孩子之所以会在这个过程中掉队，很多时候，就是因为缺少了一个追赶的目标。帮助孩子寻找一个适合他追逐的目标，对激发孩子的上进心来说，有着很大的帮助。

一位家长对此可谓是感触良深：

升入三年级之后，孩子对学习渐渐懈怠起来，学习非常不在状态，常常是敷衍了事。一次月考过后，儿子拿着成绩单让我签字。我一看上面的成绩，都是刚刚及格。看到这个结果，我肺都差点儿气炸了，真想把孩子暴揍一顿。但是我明白暴力解决不了问题，所以，我尽量控制自己的情绪，望着儿子的成绩单，轻描淡写地说：“和你同桌只差这么几分啊!”儿子一看我拿他和他同桌比，脸上微微有些激动：“就是只差那么几分啊!”看儿子似乎有那么一点儿上进心，我接着说：“稍微努努力，你不就能超过他了?”儿子嘀咕了一声，没有说什么。但接下来的一段时间里，儿子却开始悄悄努力起来，第二次月考果真超过了他的同桌。这时，我又接着帮他找了一个相差不多的对手，继续“刺激”他。在我这样的连续“刺激”之下，儿子的好胜心、进取心得到了极大的激发，到现在不用我再给他找“对手”，他也开始自觉地给自己寻找竞争对手了。当然，他的成绩也慢慢提了上去。

鲁迅先生曾说过：“不满是向上的车轮。”对于孩子来说，激发孩子的不满、帮助孩子寻找一个合适的、恰当的竞争对手，对于培养孩子的进取心来说，无疑是一个非常不错的方法。

◎方法三：引导孩子每天跟自己比一比

做老师多年，我发现积极进取的孩子与不思进取的孩子有一个显著的差异：积极进取的孩子总是会注意发觉自身的不足，尽力使自己朝着更加优秀的方向发展；消极被动的孩子则很容易骄傲自满，取得一点小进步就会止步不前。

结果，前一类孩子越来越优秀，后一类孩子则渐渐被别人甩在后面。

这其中的原因何在呢？就在于孩子们是否懂得跟自己比较，是否能在和自己比较的过程中不断进步。

前面我们讲过，不满是进取的源头。这个“不满”不仅是和别人比较时的不满，更是和自己的不断比较中，对自己所取得成绩的不满足。如果说和别人比，是驱使孩子前进的推动力，那么和自己比，就是驱动孩子不断进取的内驱力。

家长若是能够很好地督促孩子不断和他自己比较，孩子在学习的时候，就能够有源源不断的动力，更加积极进取。

对此，一位家长可谓是经验颇多：

一次月考过后，女儿娟娟的成绩还是像以前那么惨淡。我拿着女儿月考的试卷仔细看了看，指着上面的一些题目，尽量心平气和地跟女儿说：“这些题并不难，你用心一些，应该能做对吧？”

女儿看着我指的那些题目，脸一红，点了点头。

“那娟娟下次争取把这种类型的题目做对了，分数不是就能高一些了吗？”我给孩子提出了建议。

孩子应了一声说：“可是，我有时候也对这些题目把握不准啊！”

“那妈妈和娟娟一起把这些题目研究透了，争取下次比这次考得好。”我用鼓励的眼神看着孩子耐心地说。

孩子看我不仅没有追究她考得差，还要和她一起努力，不好意思地应道：“嗯，我下一次一定比这次考得好。”

在我们共同努力之下，女儿下一次考试时，果然比这一次进步了很多。

的确，很多小学阶段的孩子不可避免会犯这样一个错误：取得一点儿进步就容易满足。面对这种情况，家长就很有必要引导孩子跟他自己比一比了。

具体来说该怎么比呢？让孩子知道自己应该朝着哪个方向努力，自己有哪些该完善的地方，自己该如何进步。比如说，每次考试过后，让孩子找一找自己的分数都丢在了哪里，下次如何避免失分；孩子这次考试成绩只有60分，家长可以要求孩子下次提高5分或者10分；孩子这次数学选择题能做对10个，下次就要做对11个或12个……当孩子在与自己比的过程中体会到了超越自己的快乐，他就能更加积极主动地去和自己比，去要求自己做得更好。

4 能管住自己的孩子才有好未来

在多年的教学过程中，我发现这样一点：很多孩子学习成绩之所以上不去，原因就在于他们的自我管理能力太差。比如，本来应该今天写完的作业，因为自己回家多看了会儿电视或者学习有点儿累，就放纵自己明天再写，结果一拖就忘记写了；周末上午的时间是安排用来复习一周所学知识的，但是因为周末自己忽然想去游乐园，干脆就把计划搁置了……

我所说的这些情况，想必家长们并不陌生。我们可以想一下，孩子若总是用这样的态度来对待学习，成绩还好得了吗？孩子若总是用这样的态度来对待以后的生活和工作，他会有美好的人生吗？

因此，每当与家长互动的时候，我总会向他们传达一个观点：能管得住自己的孩子才有好未来，培养孩子的自我管理能力是家长必须关心的一个问题。

每当我说起这一点，总会有家长无奈地对我说："孩子自我管理能力差，对他自己影响很大，这一点我们不是不知道，我们也试着管过，但孩子就是不改，我们怎么办呢？"

面对家长这样的疑问，我常常会问他们："你是怎么管孩子的？"

大多数家长会理直气壮地回答我："还能怎么管，我让他干什么，他不做完，就不许去干别的事！"

对于自我管理能力差的孩子来说，这样的管理方式真的奏效吗？不见得。

一个孩子就曾经跟我说："爸爸妈妈为了让我好好学习，总是不让我看小说，每天一放学就让我进书房学习，真烦人！被这样强迫着，我心里很不舒服，也没有心思看书学习，常常偷偷地把小说下载到 MP4 里，藏在课本里看……”

看看！孩子虽然自我管理能力差，对付家长的花招却不少。所以，培养孩子的自我管理能力，强制执行显然不是最好的办法。

既然如此，家长到底该怎么做才能提升孩子的自我管理能力呢？

其实，家长若能够摸清这个阶段孩子的心理，提升孩子的自我管理能力并不难。

◇ 方法一：叛逆的孩子适用自然惩罚法

小学阶段的孩子叛逆心比较重，往往是家长越禁他越不止。

面对这样的情况，最好的办法就是“自然惩罚法”。

一位聪明的妈妈是这样做的：

随着年级越来越高，儿子对待学习越来越散漫，常常是今儿忘了写作业，明儿忘了做复习，你一说他，他还特不高兴，一副“我的事你管不着”的样子。

看着儿子这样，我知道跟他来硬的肯定是不行了。所以，我干脆也采取“放羊式”管理，不理会他。这样过了一个月，儿子的班里进行了月考，成绩一出来，儿子傻眼了：自以为聪明了得，能轻松拿到高分的儿子，居然落到中等水平。面对儿子的成绩，我只是淡淡地说了一句：“光靠聪明，不好好努力，是不能保证你成绩一直优秀的。”

听了我的话，儿子“闭门思过”了好几天。有了这次教训，儿子学习的时候，再也不敢懒散了，放学回家后，扎进书房就开始写作业、复习功课，乖了不少，成绩也慢慢提上去了。

孩子之所以不听劝，大多是因为他们的自我、自尊意识在作怪，家长选择尊重他们，让他自己认识到自己的行为所带来的不良后果，已经具备独立思考能力的孩子，就会审视自己吃亏到底吃在了哪里，进而努力去消除那些对自己不利的因素，使自己更加的优秀。

◇方法二：有惰性的孩子适合夸奖

在和家长们接触的过程中，有家长向我抱怨：

“我家孩子不仅管不住自己，还软硬不吃，你管他，他不听；你不管他，他乐得轻松，总之就是打定主意——想怎么着就怎么着，别人说什么都白搭。”

“我家孩子更是过分，你说你的，他一脸无所谓，有时候嫌我说得多了，干脆躲到屋里，门一关不出来了。”

无论是孩子的软硬不吃，还是任性而为，其实都是孩子的惰性心理在作怪。具有惰性的孩子不同于叛逆心强的孩子，他们虽然自我管理能力也不强，但在面对因为自己管不住自己造成的不良后果时，常常会表现出一种“无所谓”的态度，也就是说，自然惩罚法，对这类孩子不起作用。

看到这里，家长朋友们或许会问：“既然具有惰性的孩子这么不好管，我们到底该怎么做，才能让有惰性的孩子也能拥有很好的自我管理能力呢?”

其实，对于孩子来说，不论他是叛逆的还是有惰性的，有一点却是共通的：渴望夸奖。

家长们或许曾注意到这样的情景：

当你带着孩子到朋友家做客时，朋友夸奖你的孩子两句，孩子就会表现得特别乖巧，仿佛一下子变了一个人似的；

当孩子做完了某件事，家长称赞孩子两句时，孩子往往也会表现得很自豪。

正是因为如此，对于惰性较强的孩子，家长不妨对他多“美言”几句。

一位妈妈介绍了她的经验：

很多朋友都说我的女儿自我管理能力不错，其实，这孩子以前并不是这样的。刚刚上学那会儿，孩子非常懒散，管不住自己是常事。你说她两句，她也听着，可就是不见改。放任孩子这样下去，显然不是明智的决定。于是，我开始思考对策了。

在和孩子接触的过程中，我发现她并非软硬不吃，夸奖她就很有效。当然，日常生活中夸奖孩子的方法有很多——孩子某件事做得棒，平时就有意无意多提几次；孩子取得一些成绩，及时地给予肯定……在我多次有意夸奖之下，孩子的惰性慢慢褪去，渐渐也能管住自己了。

在很多家庭教育书籍中，都曾提到过这样一个观点：好孩子是夸出来的，只有让孩子意识到自己是优秀的，他才会向着优秀的方向发展。把握住孩子这个心理特点，平时多夸奖一下孩子，激励一下孩子，即使孩子再懒散、有惰性，也不好意思继续懒散下去了。孩子自我管理能力慢慢增强，也必然是迟早的事。

5 乐观，让孩子的生活更美好

不管是小学低年级，还是中高年级，我发现总有一部分孩子长年累月地皱着眉头。很多时候，我常常不理解地问他们："为什么总是皱着眉头呢?"

他们的回答总是出乎意料地相同："整天烦心事不断，当然会皱眉头了。"

他们到底有什么烦心事呢？他们的理由有很多：课上回答问题不正确，在同学面前丢了丑；考试没考好，回家又要挨批评；被好朋友误解；个子太矮，被同学们嘲笑……

看着他们眉头紧皱、充满愁绪的面孔，我总会情不自禁地为他们担忧。每个人的人生道路都不可能一帆风顺，他们刚刚处于人生的初始阶段，今后要面临的事情有很多，比如越来越多的考试、择校、升学等。如果因为一次成绩没考好，他们就觉得天要塌下来了；因为与同学之间产生了一些小矛盾，他们就觉得自己被全世界抛弃了；因为自己个头太矮，就觉得老天对他不公平……那他们今后的人生道路将注定在消极悲观中度过。

一位心理学家曾说过："乐观是孩子的一种能力，那些乐观的孩子对待生活总是充满热情，不怕困难，不怕失败，敢于去尝试……他们更容易接近成功。"

事实正是如此。在多年的教学过程中，我发现了这样一个现象：那些在小学阶段就具有乐观心态的孩子，不管在学业上还是事业上，都取得了或大或小的成就：

李小亭，小学时成绩很不理想，但到了中学阶段成绩却一路飙升；

韩程，从小家境贫寒，但凭着自己的努力读完了研究生；

田冰，在学校时总是被同学嘲笑是“小豆丁”，但大学毕业没两年就拥有了一家属于自己的公司；

……

也许家长们会问：“他们所取得的成功与乐观心态之间有必然的联系吗?”

答案是肯定的。在小学阶段，由于孩子各方面的能力还非常有限，他们很容易面临一些困境，例如，作业太多不知如何下手、被同学误解、挨老师或家长的批评……但乐观的孩子却能在紧张的学习任务中找到快乐，在不愉快的情境中找到开心点，能够轻松自如地化解一些尴尬，以积极的心态面对生活。

那么家长应该如何培养孩子的乐观心态呢?

◎方法一：教会孩子说“太好了”

在多年的教学过程中，我一直被一个孩子的生活态度深深感动着：

不管是遇到好事还是坏事，开心的事还是不开心的事，这个孩子总是习惯性地说一句“太好了”。

有一次，她的成绩考得很不理想，我单独找她谈话，拿着错题连篇的试卷，她竟然对我说：“太好了!”当时她的眼睛里明明含着眼泪，为什么还能说出“太好了”呢?

于是我问她：“为什么‘太好了’?”

“我也不知道，反正‘太好了’!”她说着眼泪便流下来了。

令我没想到的是，过了没一会儿，她一边擦着眼泪一边对我说：“‘太好了’是指，通过这次考试失误我知道自己哪些知识没有掌握牢固，以后就知道该从哪方面改进了。还有，我觉得自己还没有掌握考试技巧……”

说实话，当时我很奇怪，考试成绩不理想，大多数孩子都会唉声叹气好几天，为什么这个孩子的思维转变得这样快呢？更难得的是，她是一个仅仅 10 岁的孩子，遇到不开心的事怎么会如此乐观呢？

与她的爸爸有过一定的接触之后，我心中的谜团终于解开了。她的爸爸就是一个非常乐观的人，他对我说就是因为时刻对自己念叨“太好了”这句话，他才取得了今天的成就，所以他把这个保持乐观心态的“秘诀”传授给了女儿。怪不得，不管遇到什么事情，我从没见到这个孩子悲观、退缩过。

家长们也许会问：“让孩子念叨‘太好了’就能使他们拥有乐观的心态吗?”

事实的确如此。大多数家长也许早已发现，不管遇到什么事情，这些涉世不深的小学生总是习惯性地向不好的方向想。例如，家长刚刚给他定了一个目标，也许他第一句话就会问：“如果我达不成这个目标怎么办?”每次考试之前，他们总会情不自禁地说：“要是考不好怎么办?”

家长教孩子学会说“太好了”，实际上就是在有意纠正他们思维的方向：遇到好事说一句“太好了”，他们就会朝着更加积极的方向思考；遇到不好的事情说一句“太好了”，也许孩子不会立刻从不高兴或伤心的情绪中摆脱出来，但至少它会引导孩子朝着好的方向思考。

就像我在案例中提到的那个孩子，考试成绩不理想，虽然很伤心，但习惯性地说了一句“太好了”之后，她的思维就开始朝着积极的方向思考——“为什么‘太好了’”，这个问题想明白了，伤心情绪自然就烟消云散了。

所以，如果你的孩子常常陷入悲观的情绪中不能自拔，不妨教孩子学习说“太好了”，并以自己的实际行动为他诠释“太好了”。

◎ 方法二：家长要做好孩子的榜样

多年与孩子们相处的过程中，我总结出了这样一个结论——家长处理一些事情的态度常常决定着孩子能否成为一个乐观的人。例如，我就曾遇到过这样一个孩子：

遇到不顺心的事情，他总是习惯性地叹一口气，然后愁眉苦脸地说一句："我怎么这么倒霉呢！"

一次期中考试，离进考场只有20分钟，他突然发现自己没带准考证。没带准考证意味着将要被取消考试资格，他哭着问我怎么办，我立刻打电话让他的家长把准考证送过来。没想到这位家长见到我说的第一句话竟然也是这么一句："唉！我怎么这么倒霉呢，生了个这么让人操心的'冤家'！"

从这位家长的面部表情和语言中，我能很明显地感觉到，孩子就是她的翻版。家长是孩子最亲近的人，也是每天相处时间最长的人，家长的行为和心态都在潜移默化地影响着孩子。小学阶段的孩子模仿能力极强，但分辨是非能力却很差，家长的优点和缺点他们常常会一并吸收。如果家长是悲观主义者，孩子就会受其影响以悲观的态度思考问题。如果父母希望孩子具有乐观的品性，那父母就必须先改变自己的思想与行为方式。我在案例中提到的那个孩子，正是因为他的家长以悲观的态度面对生活，他才会整日愁眉苦脸，抱怨连天。

所以，即使有千万个不顺心，即使遇到再棘手的困难，家长也应该努力地去挖掘生活的积极方面，给孩子做乐观的榜样。

怎样才能成为孩子乐观的榜样呢？

对此，一位家长有秘诀：

当事实无法改变时，我总是努力给孩子一个感觉不一样的陈述。例如，周末不得不去加班时，我绝不会向孩子抱怨："真烦人，妈妈还得去加班！"而是会对他说："今天妈妈要到单位去开一个非常重要的会！"

这样，在我的陈述中，孩子听到的不是不情愿，而是我的自豪感：因为我有能力，所以我要去参加一个很重要的会。

不论在工作还是在生活中，每个人都会不可避免地遇到一些不如意。当不如意的事情已成为事实时，我们应该如何去面对呢？

上述这位家长的做法给了我们很好的借鉴——不抱怨，将不如意的事情换一种说法陈述出来。例如，不得不去加班，转变成“要去参加一个很重要的会议”；不得不参加一个聚会，转变成“我对那位朋友很重要，所以一定要去参加”；一件意想不到的坏事情发生了，转变成“考验我能力的时刻到了”……在这种教育方式下，孩子很快就会产生乐观的想法：世上没有解决不了的事情，任何事情都不值得报怨。

除此之外，借鉴很多家长的教育经验，我还总结出以下几条保持乐观心态的“原则”，家长可以选择其中的几条用大字抄录下来，贴在孩子的书桌前，随时给孩子以乐观的提醒。

◆越是担惊受怕就越会遇到坏事；

◆即使处境危难也要努力发现积极因素；

◆以幽默的态度来接受现实中的失败；

◆多接近乐观的人，接受正面的影响。

6 会交际的孩子更受欢迎

卡耐基曾说过："一个成功者，专业知识所起的作用是15%，而交际能力却占85%。"因此，交际能力就好比一张万能的"通行证"，拥有它，孩子就会如鱼得水，在社会各个领域畅通无阻。但如果没有交际能力这张万能"通行证"，孩子在未来就寸步难行。

关于这一点，在我的实际教学过程中，也能窥见一二：

在班上总会有这样两类孩子：一类孩子无论走到哪里都能瞬间和别人打成一片，一类孩子则整天沉默寡言，无论到了哪里都惜字如金。

结果在这两类孩子身上也就出现了这样两个极端：一类孩子身边总是会聚集很多朋友，成了名副其实的交际红人；一类孩子则总是形单影只，与孤独为伴。

看着这样截然不同的两类孩子，你是不是已经意识到交际能力的重要性了呢？

的确，拥有良好的交际能力，对孩子来说有百利而无一害。孩子善于与人交往，在学校能够赢得好人缘，在家中也能深受亲戚朋友的喜爱，等孩子长大走入社会，他还能吸引更多的朋友，能赢得很多生活、事业上的好帮手。

正因为如此，从现在开始培养孩子的交际能力，就是家庭教育工作中亟待解决的一大问题。

那么，家长应该如何培养孩子的社会交往能力呢？

◇方法一：教孩子学会"推销"自己

成功地"推销"自己是顺利与他人交往的前提，所以家长要有教孩子“推销”自己的意识。

家凯是个快乐的男孩，他走到哪里都能认识很多新朋友。

班上新来了一个同学，第一节课课后，家凯便走过去向新同学自我介绍道：“我叫家凯，欢迎你加入新的班集体，以后有什么不知道的地方你可以来找我。现在，我带你去熟悉一下学校的环境，好吗?”没两天，家凯便与新来的同学成了好朋友。

其实，每一位家长都应该让孩子有“推销”自己的意识。要知道，敢于推销自己的孩子一定认识到了自己的优点、别人的需要，这样的孩子是自信的、阳光的。很多事实都证明，不管是大人还是孩子，都喜欢自信、阳光的人。所以，父母让孩子学会推销自己，便等于赋予了孩子自信、乐观、阳光的性格，这样的孩子走到哪里都会有人乐意与他交朋友。

◈ 方法二：教孩子学会对别人说“让我们做朋友吧”

如果你的孩子学会了对别人说“让我们做朋友吧”，他往往已经掌握了人际交往的主动权。其实，让孩子学会对别人说“让我们做朋友吧”，是一种姿态，一种他乐于交朋友、以交友为乐的姿态。这种姿态往往有很多的表现方式。

男孩子晨在参加全国暑期夏令营的时候听说同住一个寝室的室友分别来自杭州、内蒙古和成都，在与他们聊天时，他一会儿问来自杭州的室友，“俗话说‘上有天堂，下有苏杭’，杭州一定很美吧?”一会儿又问来自内蒙古的室友，“内蒙古的烤羊腿好吃吗？是怎样做出来的呢?”转过头接着对来自成都的室友说，“听别人说成都也是好地方啊，尤其是成都小吃，遍及全国呢。”结果大家很快就喜欢上了子晨，在一起活动的日子，他们聊得不亦乐乎，和子晨结下了深厚的友谊。夏令营结束时大家互留了联系方式，约好要经常联系。

请别人分享他们感兴趣的内容，是与他人交朋友、表现友好的一种方式，也是更好地与人相处的一个技巧。因此，家长很有必要教孩子掌握这一技巧。比如，家长可以告诉孩子，想得到更多人的好感，与他们谈话时，就要少说自己、多问对方的情况，找一些对方感兴趣又有很多话要说的话题来谈，请对方分享一下他的兴趣、他最难忘的经历、他最大的成功等。

◎ 方法三：让孩子多参加集体活动

说起交际能力，与人打交道是不可避免的一项重要内容。正是从这点上说，家长平时多让孩子参加一些集体活动，让他融入到集体生活当中去，加强与同学的交往，是培养孩子交际能力的一个不错方式。

当然在孩子参加集体活动的时候，家长还需要提醒孩子注意两个要点：

其一，在集体活动中，家长应教育孩子多做事情、少指挥人。如果一个人自己不做事，却喜欢指挥别人，那么其他人就会对他产生反感，乃至讨厌与他交往。

其二，家长应教育孩子在集体活动中尊重别人，当别人遇到困难时，主动帮助别人，这样才能赢得更多的朋友。

此外，除了参加一些集体活动，家长还可以引导孩子参加一些体育运动。体育是一种直接与人正面接触和竞争的群体活动，一般需要有两个以上的人参与才有意义。更重要的是，体育活动不但需要智慧和力量，还需要胆量。这胆量，正是人际交往中所必需的一种要素。孩子一旦爱上体育，就会主动寻找对手，这种寻找，就是交际；而合适的对手，往往就是有深厚友谊的伙伴。

◎ 方法四：鼓励孩子带同学回家

我曾在班里搞过一个有趣的活动——“一日管”，就是让七八个孩子到其中一个孩子家里去生活一天。这个活动开展得很好，不仅孩子们非常喜欢，家长们也非常乐意。

孩子们对去别人家住感到非常兴奋，感觉什么都是新鲜的。他们会跟其他孩子一起学习、娱乐、做家务。在这个过程中，与人交往的能力也得到了锻炼。

值得注意的是，家长不要规定孩子交什么类型的朋友，应允许孩子结交一些年龄不同、性格不同或者特长不同的朋友。例如，孩子结交了在写作、绘画或者音乐方面有特长的朋友后，就等于找到了一位好老师，孩子在这方面的才能也会得到相应的提高。

让孩子独自到同学或邻居家去串门，也是一个锻炼孩子交际能力的好机会。串门做客会牵涉到寒暄、问候、交谈和有关礼物等问题。孩子一个人去就成了主角，与对方的一切接触都得由孩子自己来应酬，这无疑把孩子推到了前线，促使其考虑如何交际。家里来了客人，有时不妨让孩子出面接待，特别是当客人或朋友与孩子年龄相仿时，家长千万不要包办代替。

7 教孩子学会宽容

课间的时候，我正在教室外面和几位同事讨论问题，教室里忽然就传来了一阵吵闹声，等我走进教室一看，两个孩子站在教室中间，你瞪着我，我瞪着你，一副仇人相见的架势。

见我进了教室，两个孩子都耷拉下了脑袋。

当我问及两个人为什么吵起来时，一个孩子嘟囔道：“还不是因为他把我的铅笔盒摔到了地上。”

这孩子的话音才落，另一个孩子立马接口：“我又不是故意的。”

看着两个孩子似乎又要吵起来，我有些哭笑不得，就因为这点儿小事，两个孩子就闹到了差点儿动手的地步，真是让我无话可说了。

生活中，孩子之间因为一些琐碎小事产生磕磕碰碰的情况并不少见。每次面对孩子们针锋相对的场面时，我常常会想这样一个问题：是什么原因造成了他们的心胸如此狭窄？是什么原因让他们变得斤斤计较呢？

我也曾经就这个问题和一些家长讨论过，家长们听完我的话之后，也是摇头叹息：“唉！现在的家庭大多只有一个孩子，他想怎么着，家长大多会顺着他，想必也是被家长给宠坏了。”

听完家长的话，我不由得有一种豁然开朗的感觉。没错，现在的孩子大多是独生子女，家长对孩子的照顾可以说是无微不至的。孩子遇到问题了，家长总是会冲到最前方；孩子想要什么东西了，家长总是会毫不犹豫地满足他……

然而，家长在做这些的时候可曾想过，在你为孩子做了这么多的工作之后，孩子会成为什么样子？我可以很负责地告诉你，孩子会变得自私、自我、霸道、专横。

可以想象，一个自私、自我、霸道、专横的孩子会对别人宽容大度吗？一个不能对别人宽容大度的人，在实际生活中也很难赢得别人的喜爱，很难与别人合作。这样的结果无论是对孩子的学习，还是对孩子今后的生活都是非常不利的。

因此，我经常会提醒家长这样一点：在小学阶段，家长务必要抓住孩子个性培养的关键期，培养孩子宽容的个性特征，因为这一品质，是一笔不可多得的财富，将影响他的一生。

◎方法一：告诉孩子“别小心眼儿”

小心眼儿是大度的天敌。在小学阶段，孩子小心眼儿都有哪些表现呢？

我们可以一起来看一看：

比如，孩子的同桌不小心碰掉了他的文具，他便大发雷霆，跟同桌吵起来；

比如，出去和别人聚会的时候，别人忘记招呼他，他便觉得别人对他不重视，进而耿耿于怀，再也不愿意去参加类似的活动；

……

一个小心眼儿的孩子，是很难融入到集体生活当中去的，而一个不能融入集体的孩子，今后的发展道路也会越来越窄。所以，家长们在培养孩子宽容的个性特征时，首先就需要告诉孩子“别小心眼儿”。

对此，一位家长说起了自己的教子经验：

曾经有一段时间女儿薇薇特别挑剔，对别人很苛刻，比如说，她嫌我做的饭菜不可口，会不断埋怨我；同学碰掉了她的东西，她会抱怨不休。看着女儿这个样子，我知道该跟她好好谈谈了。

晚饭的时候，女儿又挑剔我做的饭不好吃，我坐到她的跟前，严肃地告诉她："薇薇，你觉得饭菜不好吃，可以自己做。妈妈在厨房辛苦了半天才做好这顿饭，你应该尊重妈妈的劳动成果。"女儿看我表情严肃，知道我真生气了，讪讪地不说话了。

有了这次教训，女儿对我的抱怨声消失了，可是对与同学之间的那些磕磕绊绊的唠叨却仍不断。看女儿如此，我告诉她："如果你不想失去更多的朋友，就不要对别人这么苛刻。"女儿撇撇嘴，显然并没有把我的话放在心上。过了没多长时间，孩子回家之后，渐渐地不再对我唠叨同学们的不是了。从女儿闷闷不乐的表情，我可以看出来，她的挑剔已经造成了周围同学对她的疏远。

这时候，我再次语重心长地告诉女儿："学习生活中，你和朋友之间有些磕磕绊绊在所难免，这些磕磕绊绊又不会给你造成多大的伤害，何必跟别人斤斤计较呢?"因为亲身经历了教训，女儿把我的话听了进去。从此之后，我发现女儿嘴里抱怨的话少了很多。

苦于不知道该如何教育孩子的家长，可以参照一下上述家长的做法：

※ 其一，让孩子认识到"小心眼儿"给别人带来的伤害。

※ 其二，让孩子体会到"小心眼儿"给她自己带来的麻烦。

相信，在家长有意的引导下，已经具备了一定独立思考问题能力的小学阶段孩子，能深刻体会到"小心眼儿"会给他的学习生活带来多大的麻烦和困扰，进而有意识地来改变自己了。

◎方法二：告诉孩子"不要自我"

凡事总是站在自己的角度思考问题的人，必定不会是一个大度宽容的人。因为太过关注自我感觉的人，会为了保护自己的利益不被侵害而斤斤计较于一些琐事，最终变得不够大方、不够大度。

我就曾认识这样一个女孩小萱：

家里无论有什么好吃的，小萱没有吃够之前，绝不会撒手让别人吃；在外面谁要是不小心冲撞了她，小萱会不依不饶；与别人在一起的时候，自己想要怎么做就一定要怎么做，别人要是不按照她的意思办，她就会“抗争到底”，从来都不考虑别人的感受……

这样的女孩最终会有什么样的未来，我想家长心里会有一样的答案：备受冷落。没有任何一个人喜欢跟一个终日只为自己着想的人在一起，也没有任何一个人能忍受总是颐指气使、蛮横霸道的人。

明白了这些，家长就要注意了，在培养孩子的过程中，一定要告诫孩子这样一点：与人相处的时候，千万不要过分自我。如果自己的某些要求是合理的，可以坚持，如果自己的某些要求是过分的，不合情理的，就要自觉地审视一下自己，站在别人的角度去考虑问题，选择一个对大家都有利的解决方式。这样孩子才能赢得大家的喜爱和宽以待人的美誉。

8 锻造孩子的意志力

身边很多家长常常会跟我感慨："唉，我家孩子挺聪明的，就是没有毅力，做什么都坚持不了多久，三天打鱼两天晒网。这样的性子，以后什么事情都干不好。"

听到家长的抱怨，我感触颇深。学习过程中，有不少孩子就是因为意志力薄弱，在学习的道路上与优秀渐行渐远：

晓军是个聪明的男孩，但有一样，干什么都是三分钟热度。今天喜欢画画，心血来潮就会画上一阵子；明天想要学象棋，又会一门心思扑上去学一阵子……结果到最后，往往是这也做不好，那也做不好。

小静是个伶俐的女孩，对什么事情都很好奇，然而，对什么事情都是三天半的兴趣，无论做什么都没有毅力坚持下去，做事常常虎头蛇尾。

……

小学阶段是孩子行为习惯养成的关键期，孩子在这一时期出现一些不良的行为表现，家长若是不能及时帮他纠正的话，那么孩子在今后的学习生活中无疑会遇到很多困难和麻烦。意志力薄弱，就是这些不良行为表现中对孩子影响最为深重的一个。

意志力是决定学习好坏的非智力因素之一。意志坚强的孩子，一般来说，学习的自觉性较强，并能克服困难，往往能取得良好的学习成绩；反之，意志薄弱的孩子，学习虎头蛇尾，很难取得较大成绩。

所以，在家庭教育中，家长适时锻造起孩子的意志力就显得非常有必要。

◎方法一：帮孩子明确期待的结果

我曾教过这样一个孩子：

他学习非常努力，在学习过程中无论碰到什么困难，首先想到的从来都不是放弃，而是积极地想办法。因为他对待学习持之以恒，学习也就一直名列前茅。

看着这个孩子的表现，再看看他周围孩子的表现，我感到很是不解，同样是小学阶段的孩子，表现为什么会迥然不同呢？

怀着好奇，我找了个机会，跟这个孩子好好聊了聊，在聊天的过程中，孩子告诉了我一段往事：

那是在我上小学三年级的时候，妈妈带我去了一趟北京大学。看着北京大学里面美丽的风景，感受着那里面浓浓的学习氛围，我在心里暗暗告诉自己，以后，我一定要来这所大学读书。

心里有了这个目标，想要实现就必须付诸行动，所以，我现在才会坚持不懈地学习、努力。

孩子在说这些话的时候，眼睛亮亮的，闪着坚定的光芒。从他坚定的眼神中，我甚至能够感受到他那种想要进入北京大学的热切渴望。

的确，在现实生活中，我们每个人都有这样的经验：当我们心中对某事有了一定的期待，对结果有了美好的规划之后，在前行的道路上，才不会迷茫。孩子的学习也是如此，家长只有帮助他明确期待的结果，和他一起规划未来的蓝图，他才可能明白，现在的种种努力都是有价值的，要坚持不懈地去努力。

当然，家长帮助孩子明确期待结果的方式有很多，在现实生活中，家长不妨从以下几点去做：

◆带孩子到他心仪的学校去参观；

◆多让孩子看一些著名学校的图片；

◆多让孩子跟一些优秀的过来人聊天；

◆和孩子一起勾勒未来的学习生活场景；

……

◇方法二：对孩子提出的要求要与他的实际能力相符

现实生活中，我们或许都有过这样的经历：当我们要做的事情超出了我们的能力范围时，我们对这件事情就会望而却步。

这个道理对孩子来说，同样适用。在孩子的学习生活中，如果家长对孩子提出的要求，超出了他的能力范围，那么孩子就可能因为自己的能力达不到家长的标准，而选择逃避或者退缩。

比如说，孩子本身的能力只能考到八十几分，家长却要求他一下子考一百分；

比如说，孩子自制力不强，家长却要求他安安分分去做某件事情；

……

尊重孩子的实际能力，根据孩子的实际情况采取相应的措施，才能保持孩子做事的积极性，不打击孩子的自信心。而拥有自信心恰是孩子能够坚持做某事的关键。

正是因为这样，在家庭教育中，家长就要注意：可以对孩子适当提出要求，但是这些要求一定要与孩子的实际能力相符。

当然，孩子在能力范围内取得一定成就之后，家长还可以借助孩子因此产生的成就感激励他朝着更高的目标努力，相信在孩子的点滴进步中，他的意志力也就会随之增强。

◇方法三：孩子遇到挫折时，引导他学会从自身找原因

在日常教学过程中，我经常能从孩子们口中听到这样的话：

“做这件事情实在是太难了，我坚持不下去。”

“我花费了这么多的心思在数学上面，可是数学还是没有考好，我再也不学数学了！”

“我都坚持写日记这么长时间了，为什么我的写作能力还是没有提高？真不想再写下去了！”

听到孩子们这些话，你是不是发现了什么？没错，很多时候，孩子之所以不能坚持下去，往往是因为在做事的过程中遭遇了挫折。因为年龄还小，孩子的心理承受能力并没有我们成人这般强，而且因为认识能力有限，孩子很容易将遭遇挫折的原因归结到外在因素上。

基于这两点，孩子一旦遭遇挫折，就很容易半途而废。正是从这两方面考虑，家长引导孩子正确认识挫折，教孩子从自身寻找遭遇挫折的原因，是帮助孩子锻造意志力的一个不错的方法。

对此，有一位家长很有体会：

有一段时间，儿子的成绩下降很快，每天放学回家都是一副垂头丧气的样子，嘴里还不时唠叨着：“学习真没劲。”

看到孩子懈怠的样子，我的心里也是暗暗着急。左思右想之后，我觉得很有必要给孩子上一堂正确认识挫折的课。

一次月考过后，儿子成绩还是不太理想，看着儿子的成绩单，再看看儿子闷闷不乐的脸，我语重心长地对儿子说：“你有没有想过自己的成绩为什么总是提不上去呢？”

“题目太难了，我做不出来。”儿子不高兴地撇撇嘴。

对儿子的答案，我虽然不满意，但并没有表露出来，而是接着问他：“为什么你会觉得太难呢？是不是因为基础知识没有掌握牢固？”

儿子沉默了一会儿，轻轻点了点头。

看到儿子有些意识到自身的不足了，我脸色缓和了一些，接着对他说：“那么，妈妈陪你一起巩固一下基础知识，看看下一次是不是还会觉得题目难。”

儿子若有所思地看了看成绩单，再看了看我，郑重地点了点头。

其后，随着我陪儿子一起巩固了各门功课的基础，儿子在学习过程中明显轻松了很多，学习时那股懒散懈怠劲儿也渐渐消失不见了。

如果你的孩子也是因为在学习生活中遭遇了挫折而意志力不坚定的话，那么不妨向例子中的家长学一学，引导孩子从自己身上找原因，当孩子能够正确认识到自己的不足，进而纠正、弥补这些不足，或许也就能像例子中的孩子一样坚持下去了。